U0126605

澗于日記
(四)

蘭駢館日記 癸巳一

正月初一日晴

去年儲書漸富嬾與披覽未能務學今年當努力於其大者要者書此以自驗其勤惰

道州何文安公凌漢宋元學案序云先河後海之義漢儒之功實先諸儒自先秦以迄有唐六藝源流具有端緒黎洲之於學案由明儒以及宋元並列由宋元以上溯漢唐綜其師承附往積成一書其可少也哉余自謫居放還日悴悴於此事慨其學術淺陋藏書不多恐不能卒業作輟者屢矣竊效太史公自序論六家要指而

豐潤張氏澗

其指歸則在俗明世正易傳繼春秋本詩書禮樂之際其傳儒林曰魯詩多本於申公齊詩皆本轅固生燕趙間言詩者由韓生尚書由伏生禮由高堂生易本太史公家學故傳經系次尤詳而春秋之傳仲舒公羊胡毋春秋江生穀梁太史公十二國表則多取左氏傳之皆學案也班氏推之則曰易有施孟梁邱之學施家有張彭之學孟有翟孟白之學梁邱有士孫鄧衡之學有京氏之學有費直有高氏學高費未嘗立學官伏生尚書有歐陽氏學有大小夏侯之學大夏侯有孔許之學小夏侯有鄭張秦假李氏之學而孔氏古文為別派魯詩申公之後有韋氏學有張唐褚氏之學齊詩有翼匡師伏之學韓詩有王食長孫之學而毛詩則本於

徐敖禮有大戴小戴慶氏之學大戴有徐氏小戴有橋楊氏之學三傳
公羊春秋有顏嚴之學顏有泠任之學嚴有筦冥之學穀梁有尹
胡申章房氏之學而言左氏則本之賈護劉歆緯之亦皆學業也范
史儒林傳便已參雜而統觀後書如桓榮傳有桓君大小太常章句
鄭興傳世言左氏者多祖於興而賈逵自傳其父業故有鄭賈之
學張霸傳霸以樊儵删嚴氏春秋猶多繁辭迺減定為二十萬言
更名張氏學疑本各家漢書之舊文猶得馬班分別學派遺意
擬以國朝諸儒之傳經表為主槩為兩漢諸儒學案以次推之魏
晉南北朝及隋唐五代焉

初二日晴

午後邀縣學武校官聯璧廷生來談詢以州考事

全謝山宋元學案一以程朱為宗是也卷末立荊公新學略蘇氏蜀學略則非是汪玉山與朱子書曰東坡初年亦闢禪學其後乃溺之謂其不知道可也概與王氏同貶恐太甚余謂荊公新學使天下棄注疏而入於空陋以為學之大害也蘇氏之學何害於人朱子立道之大閑本無取蘇而闢之所以與王氏同貶者以洛蜀交鬭之故以東坡易傳與潁濱老子解同入雜學辨則潁濱之支離於老並稱實為大蔽而東坡之易傳何罪特不合於伊川易傳而已朱子論之蘇乃云小蘇勝於大蘇

者豈空論哉謝山之學亦未能優入聖域千載而下平心論事二
宜取蘇氏書傳論語解細加參考瑕瑜並見折衷定論乃於
蔡氏之取蘇氏書傳朱子之取東坡論語解一概抹殺而徒取朱
子之雜學辨列之且以李屏山為王蘇時派鍛鍊周內於蘇
氏何損毫末以此等程朱所見亦甚陋矣且講學之名亦惟洛
閩始有之坡潁本未嘗講學乃為之創立講友同調名目一若三
蘇呼朋引類創興蜀學以與洛學角者豈非捕風捉影乎如
高平廬陵亦為之張立講友同調若干人皆屬武斷其內外出
入之雜殊未允愜也

初三日陰

蓀農來寄九弟電閱　慈壽以今年舉行癸巳恩科

初四日晴

復高陽書

閱元憲集宋宋庠撰大典中輯出共四十卷提要云通考有是集之下又附注曰一作緹中集二十卷其名又異故大典實止標宋元憲集則非緹中集明甚故今仍據目不取通考之名今案元憲集三十六卷有緹巾集記云余弱學為文尤耆篇什而不能工比逸頗多一日忽得新舊詩十餘冊于几案間乃小兒充國等所收覽之

不禁掩口胡盧而笑謂之曰此蓋石也與瓦甓無異耶繼中什藏亦屠是寶乎此書鈔斫批為限約凡五首皆首勤為十二卷命曰繼中集其選中乃繼中之諸繼中意以目定集名元憲則後人所題也既存集中而館臣不知殊譏据大典以駁誤本通考殊可怪也錄元乃係大典本載全部四庫例删青詞之類存二十八卷耳集多駢文與嵩文是以方駕蘇許詩亦工雅不得以昇平頌律求全廻一筆抹倒也提要稱其渢渢乎治世之音良諫見其前旅訪以尚有台輔氣諫乃一拜竟能識人于未遇亦奇

初五日晴

張筱傳来過晦若少坐論儲書並近年書價之貴

閱景文集本傳稱集百卷藝文志則稱白五十卷館臣就大典所載釐為六十二卷別有日本佚存叢書本稱原一百五十卷今存二十二卷内又殘闕十卷其所存自十六卷至三十二卷皆律詩也八十一卷至八十五卷皆表狀也九十六九十七兩卷為序九十八為説錄題述九十九為論一百一為雜文祭題補詞一百二為齋醮文一百七為行狀一百十八至一百二十五為啓狀凡序乃文化庚午天瀑山人撰已知中國有六十二卷本故以此宋本殘帙刻入叢書云初疑

其以大典輯本顛到錯亂以為彼族收藏之富及詳細校閱如律詩內皇帝延英聽講畢五經五言十韻一首為大典本五言長律內所無其齋醮各文惟祈雨為大典本所存餘皆例加芟削而僅存本尚存數首若竭數日之力以兩本對勘必可補出數篇倭一島國安能及中朝收蓄之博其文學亦僅僅通順又烏及乾隆館臣而藉此一刻足備校訂之一助亦泰山不讓微塵之意也子京又有西州猥稿一種自序尚存集中今所傳北宋小集中有之則從成都文類律髓文粹諸選本采輯而成亦非原第矣

初六日晴

寄安圃第一書

十年購書間有精抄本然心緒煩劣不能審閱也晴窻偶檢鄧巴西集閱之係抄本經校者從元文類補文五篇石渠寶笈補鄭令李平安書二通乃從鮑氏通介叟家藏本過出亦善本也又得居竹軒及蒲順齋閑居叢稿亦抄本然余所以愛者則以黃蕘圃所得舊抄管子顧千里所得舊抄韓子兩種為最明本管已為金陵局所刊韓則吳山尊刊之並局刊管本少一頁抄本誠可寶矣

初七日晴地震

為兩兒改課作三首頗形進鈍子為豚犬我作馬牛讀杜陵
有子賢與愚何其挂懷抱句不覺自笑並還理傳家杜亦何
能作達哉得王初書
公是弟子記五經者五常也詩者溫厚仁之質也書者訓告
信之紀也易者淵微智之表也春秋褒貶義之符也惟禮
自名其道專也此說甚諦公是未與伊洛游故講學者
罕相稱述樓鑰謂元豐熙甯之間卓然一醇儒洞然此本
乃宋槧以趙本照校本傳刻者猶善本也

初八日晴

得緣民書復廿初一鐵丈與樂山李皆論近刻丁季芊孝廉事也

初九日陰

陳序東來

閱毛滂東堂集忠寄蘇由犒觴壽蔡元度與上曾太尉書蔡卞之王夫人讀其貪忘甚汲未宥乳笺謂商遷莒相地中乳乳來謙為可鄙然元祐元符之間兩黨迭為勝負文人亦各巧飾其間稍不自持即不免出素入緇之病讀之止覺其可憐耳忠苛責之哉

初十日陰

閱秦淮海集淮海有法帖通解辨證閣帖摘錄之　千文乃梁武得羲之所書千字使周興嗣次之蔡遠諠釋辰宿一帖與嗣文也豈以前漢章帝書歐陽文忠以謂前世學書者已有此語不然羲之跡亦可疑　辨漢章帝書　古文雖非科斗而世常謂之科斗以其類科斗爾以此推之曰倉頡了不與科斗相類乃適大小二篆　辨倉頡書　仲尼銘季子墓字徑尺餘據張從申記舊本湮滅開元中元宗命殷仲容摹搨之大歷中蕭定又刻于石此字乃唐人依仿　辨孔子書　漢碑存者皆隸而程邈以隸為小楷豈敢信以為秦人　辨史

籀李斯 文忠考魏吳二志權以建年閏十月方取荊州至十二月後

明年正月告捷影本日於同月先賀 鏞鏡彩

以上各條均極諦當其論懷素艸書引歐陽文忠云魏晉時人遺

筆餘興初非用意自然可喜後人乃棄百事而以學書為事

業一來至於終老窮年疲敝精神而不以為苦是真可歎

也懷素之徒是已文忠此論可謂名言雖兩非少游均不以書

名家旦服善者之心而關其口然士大夫之身則已自有不朽

者在詩文之是餘事書則更是餘事縱取工於書適欲以此

傲天下士實則人亦低下其書亦無亦不足珍之矣

十一日昨夜微雪今日放晴

閱晉書劉寔傳寔尤精三傳辨正公羊以為衛輒不應辭以王父命祭仲失為臣之節舉此二端以明臣子之體王接傳常謂左氏辭義贍富自是一家書不主為經發公羊附經立傳經所不書傳不妄起於文為儉通經為長任城何休訓釋甚詳而黜周王魯大體乖硋且志通公羊而往往還為公羊疾病乃更注公羊春秋多有新義以喪亂蓋其長子愆期流離江南緝文本末乃更注公羊

豐潤張氏澗

十二日晴

武瑶生來為先輩商定認保廩生俞聯翩譌人派保廩生吳廷濂

蘭坡軒

閱劉後村詩集十六卷詩話二卷詩餘二卷後村大全集昭文張氏有之四庫著錄者五十卷此姚培謙所刊者耳後村雖受業西山晚節不終年已八十乃為秋壑玉溜洋有此集跋謂其論揚雄作劇秦美新元后誄蔡邕代作群臣表既雅比勸進表尚詞嚴義正而其賀賈相啟賀賈太師及相啟再賀平章啟諛詞諂語蹈雄邕之覆轍而不自覺較陸放翁南園記猶存規戒

者抑又甚焉老而干進於此君節讀益不足置論其詩更弱
于文姚姬傳之實亦江湖之末派耳其詩話兩卷於放翁誠
齋極為推崇放翁云古人好對偶被放翁用盡誠齋云今人不
能道語被誠齋道盡又云放翁學力也似杜甫誠齋天分也似李
白蓋其生平宗旨所在其末云余涉世艱難每誦歐公平生名
節為以生描畫略盡之言輒為慨然曉遊於影文游諸掉
曆主此言雅公著明之慨不知為秋壑吾以生之描畫昔
為虛構之為實徵士大夫晚節凌遲大氐因一蹶之後此從
炎涼慣而求進轉喪生平可慨也

十三日晴

余嘗論魏之高貴鄉公以操丕禪讓竊國狹及其子孫並在魏之諸臣苟有同心鋤奸者亦姑不可成功王沈為公所引辭為文籍先生乃聞公謀告王業馳白司馬昭封安平侯其罪與成濟等孽子浚遂覆其宗有以見天道之倚伏也夫沈罪至重法不宜有令子況彭祖又狠愚凶悖以速之此論者徒以彭祖承賈后旨與孫慮共害愍懷神人共憤以致中有伏尸之禍不知沈告密以害高貴浚即黨奸以害愍懷旨出於公閭之女謀成於處道之見殺司馬家兒者即是當日助司馬殺曹氏之嫡裔報應亦森深可

畏其不為亂臣賊子寔也審矣裴秀上為高貴鄉公所引歸為儒林文人而秀傅不及之任亡以曹爽故吏免復之為廷尉臣歷文帝安東及衛將軍司馬軍國之政多見信納而臣夫司馬氏至昭得政臣歷三世魏臣前甚爪牙腹心以高貴鄉公欲指以疇謀之法非倉卒所能僥倖秀雖未預密謀亦未必如沈業之背主而興賈充為僚壻豈有不心向司馬者哉則文雅儒林皆為司馬之關謀耳豈不哀哉其後秀子頠雖正色立朝卒以附賈后為趙王倫所殺秀之奸不及沈故頠之禍亦不及讀合觀之足以明天意矣

十四日晴

閱澗泉日記韓元吉子淲撰其中卷記元吉交游甚詳於徐應祺鬱則云作直淨亭在水竹間先公為作銘尹彥明焞則云伊川高弟在道山時先公嘗扣之劉行簡一止則云有文詞先公出入其門為作行狀張子韶九成則云先公日游其門歸橫浦先生好禪學士論或以為太疏程可久迥則云歸沙隨先生有易解先公嘗招之一飯說近年六曰三四通問蔡肩吾迨則云蔡文忠齊之孫從莅川蜀先公典銓日以文卷來訪先公奇之既甚薦之又作鼎說以送之龐祐甫謙孺則云先公友也歸日蘋老人養蛙

雅王陸修時敏則云先公本也徐居厚仁學苗國范煜則云作祭
酒有文名先公客之義范元卿端仁則云先公友也談論清楷文
采可觀李仁甫燾則云先公客之同在從班往來亦相善陸子
壽九齡則云先公嘗客一日相會時張縣之洪景盧邁及其先
違遵則云先公嘗客之相善范致能成大以外姻之章通之甫趙逵
莊彥端陸務觀游毛平仲幵均一之畢其生平若晁氏呂子則
更其姻婭使排比之何減子厚先友記也朱子亦具先友而混
未敘及但云張敬夫之識見呂伯恭之議論朱元晦之編集各具所長
又云朱發韓自立屢亦有脫略似未得朱子之深也

十五日晴有風

十六日晴

得九弟電已於昨日由滬回粵乘廣利船過容民話晦若永詩在坐

郗方回當桓溫北伐時請督所部出河上愔傳時愔在北府徐州人多勁悍溫恆曰京口酒可飲兵可用深不欲愔居之而愔暗於事機遣牋詣溫欲共獎王室修復園陵超傳超取視寸寸毀裂乃更作牋自陳老病不堪人間乞閑地自養以會稽太守授愔實此策遂探溫之隱衷使其父頓失兵柄不獨誤國並且賣父疑方回於此不知其故直至嘉賓死後門生呈箱中往反密計乃見此稿耳晉書於方回傳中亦用其子超計固辭解職

勸溫並領殊不諒方回之意乃受子之欺非用子之計也北府勁悍愔誠非將帥才不足制溫然有超在溫幕亦不至忌愔而遽奪其兵廢立之謀或當稍有所遏抑而不得驕如此則王謐在內愔在外足以相維不徹而溫亦屈蹙逆迹不彰計不出此乃導溫奪其父柄遷之散地其後乃因方回優游閑地不若謝安石之入掌機權不亦大謬乎超之贊溫皆逢惡助姦無一足取殆郗氏不肖之子典午篡命之賊也謐傳以政宜加顯僇乃猶有散騎常侍臨海太守之除豈以其父故耶超之黨溫路人皆知而方回必見其始不及知矣亦闇蔽甚矣

十七日晴

巳初二刻兩兒由鎮道東田里應試二十七日州考也請館師仲輝孝廉送考僕人則蘇福東升張林及廚人袁華視余庚午北來襆被不攜一僕光景迥殊矣送仲輝後因昨夜感寒頗咳嚌中小卧片刻

十八日晴

王觀國學林論藝精斯掩徑引戴安道破琴不能為王門伶人駮洪喬不能為寄書郵以為二子能辨之于早夫琴藝也寄書郵豈藝乎士大夫不甘以一藝自見可引之事甚多而引洪喬為證考據家往往疏於持論可笑

十九日晴

寄介軒書以子儁疏稿為之時為子儁作傳也

二十日晴

相行南陔得戴之書論八弟富陽新城交代

二十一日晴

過梅若覓楊俊卿一談商交代辦法復戴之書蕡臣來

二十二日晴

出門答武珏生順道至蕡臣處小坐詣海軍公所一轉得曼農電

已回粵矣高陽有書來夜淪清啟知已到州

二十三日晴

得伯潛書貰臣來談買尚書後案一部（今篋中止學海堂本也）

二十四日晴出丸使覺暄和

吾定之前輩來談後載之書

新城何世璂然燈記聞自述為漁洋口授其一則云為詩須博極羣書如十三經廿一史次及唐宋小說皆不可不看所謂取材於選取法於唐者未盡善也余謂取材於選取法於唐固非而經史之外如唐宋小說則宜博觀而約取大氏宋以後之事且不宜多用自宋以後之稗事俚語一味闌入則詩味損薄矣甚於竹垞正嫌其雜用宋元詞

語入詩耳又云七律宜讀王右丞李東川尤宜熟玩劉文房諸作宋人則陸務觀若歐蘇黃三大家祇當讀其古詩歌行絕句至於七律必不可學之前諸家七律久而有所得然後取杜詩讀之譬如百川學海而至于海也此是究竟歸宿處此論七律甚精異於前宗七子之說矣又云學者從其性之所近伐毛洗髓務得其神而不襲其貌則無論初盛中晚皆可名家不然學中晚而止得其尖新學初盛而止得其膚廓則又無論初盛中晚均之無當也此歷詆世之依附盛唐者但知學為九天閶闔萬國衣冠而自命高華自矜壯麗為優孟衣冠以張漁洋晚年之論正為學七子者痛下鍼砭

于艸堂石影

二十五日晴夜地微震
得康生復書並贈天壤閣叢書一部
二十六日晴午後大風
晚得鹿喬笙書復之為其祖壯節公祠事求合肥奏請列入祀典已奉旨俞允矣
二十七日晴
得九弟十四日書述八弟身後諸事悲愴之至作書復九弟竟日黯黯
不能作他事陸伯禮來余薦之筱傳處為鶴巢所誤因病南歸贈
以十五元而已
二十八日晴

得樂山書合肥以軍局孝達而因鐵廠借款顧相持不下乃由鄂人從中通之五年來光施於厚祿故人者惟此而已並究無謂也爽秋授皖南將出都門有書通意以書復九弟並簡載之

二十九日晴

枯坐竟日寄子涵書

漢書儒林傳司馬遷亦從安國問故遷書載堯典禹貢洪範微子金縢諸篇多古文說王氏鳴盛云如湯誥太誓皆古文說

二月初一日雨晚霽

代樂山訂丁孝廉明日有摺并寄都門書附以安圃弟二緘得

孫慕韓書

閱紀文達朱文正兩集思得笥河集參校之

永樂大典輯逸書之奏出於竹君學士而文達實總其成文正文達同日宣麻文正正存而文達協揆亦時畿輔人物之盛如此文達一生精力在四庫提要其集中一鱗片爪無非龍之全體文正作文達墓誌謂曉嵐初則文人相輕後乃折服不敢道一不字並文正之學似非文達匹也

竹書紀年余以為偽閻百詩不信竹書而信史記是也王氏鳴盛亦以為晉人偽撰而徐位山則篤信之孫淵如復刻之平津館叢書中暇日思考證之偶閱知足齋有書田孟子四考後篇以竹書為不足據因漫記於此

初二日晴

得子涵書還王福赴杭迎五姊及八弟夫婦之柩附海晏南行寄載之書又寄朱潔泉一緘詢以交代事擾擾竟日

初三日晴是日春分

得安圃書仙衡前輩寄宣紙徽墨索余書並以一聯見贈午

後復趙菁衫書

初四日陰微霰

連日復讀莊子頗有訂郭注之誤處又閱徐文靖竹書紀年箋其拙滯檢孫刻竹書紀年有洪筠軒序今本竹書紀年之非舊捷要可為推勘入微矣而筠軒猶為之辭莊子所謂猶一蚤一蝱之勞也今日几案灑然筆墨生潤頗有讀書之樂

鄭學至國朝諸儒掇拾殆徧隋經籍志儒家類孟子七卷鄭注焦氏正義竟不能徵引其佚久矣

隋書牛宏傳里仁上表請開獻書之路以秦皇下焚書之令為書之一厄

王莽之末長安兵起宮室圖書並從焚燼為書之二厄孝獻移都西京大亂一時燔蕩為書之三厄劉石憑陵京華覆滅為書之四厄周師入郢蕭繹以文德之書及公私典籍重本七萬餘卷悉焚之於外城為書之五厄隋氏創基保定之始書止八千及後收集方盈萬卷及東夏初平獲其經史四部重雜三萬餘卷所益舊書五千而已今御書單本合一萬五千餘卷部帙之間仍有殘缺比梁之舊目止有其半至於陰陽河洛之篇醫方圖譜之說彌以為少於是下詔獻書經籍稍備按隋書經籍志平陳以後檢其所得多太建時書紙墨不精書亦拙惡於是總集編次存為古本召天下工書之士京

兆韋霈南陽杜頵等補續殘缺爲正副二本其餘以實秘書內外之閣凡三萬餘卷脩經籍志時尚見存分爲四部合條爲一萬四千四百六十六部八萬九千六百六十六卷甚矣聚書之難也

初五日晴

心緒紛如讀函自遣

初六日晴

以牛乳餅十匣寄伯潛讀書竟日無所得得滬電王福今早已到滬矣

初七日晴

楫廿四得都下書以局刻書二種寄允褒午後得仲璋書知
州考初九可定長案因作復繖並所需之洋燭等件交專人帶
州復高陽書

初八日晴
得戴之書八弟交代仍未了結悶甚

初九日晴
戴之書甫復又得戴之書則所存公款尚無侵蝕前書亦太過
甚矣身後無人之難也

初十日陰

復劉仲良書午後袁爽秋來談晚得兩兒電滄州試第一潛第九

廿一日晴

爽秋來談留之午飯得戴之書夜武珏生來詢放試事

廿二日晴

午後爽秋來晦若亦至所談皆其事也復戴之書

廿三日晴

閱笥河集都中楊佑之寄書目來苦無異本到眼也黄臣來話寄廉生書

十四日晴
劉子徵總兵來爽秋夜話子季單由保定至趙某之招

十五日晴
爽秋辭仍回都　午後儒弟及王地師來知允襄允燮已回里歷歲

科考矣

讀莊子以呂覽淮南證之

十六日雨
得兄輩復書允言之書照至

十七日晴

于州堂石影

永詩來
十八日晴
楣弁入都復康生書問冀北之疾
甚矣張茂先之無識也賈后謀廢太子劉卞勸華以太子四率精兵力
人廢后華不從卒為趙王倫以后黨害之人皆為茂先惜實不足惜
也楚王瑋矯詔害汝南王亮太保衛瓘帝用華計以騶虞幡麾眾眾走
執瑋瑋臨死出懷中青紙詔流涕以示監刑尚書劉頌頌亦歔欷不能仰
視青紙詔者后遣黃門齎以授瑋者也是時華既執政若追究授
詔之黃門得其情實即以矯詔之罪坐賈后廢而幽之誰曰不宜乃於

閨主唐后之聞欲以彌縫補闕為功女史之箴何足感動弒姑不道之
賈南風乎楊后之廢引趙太后為孝成后故事懸懷之事亦不能強
諫始終依違立小異而不能力爭卽中台星坼華果避位其能免乎
原之者謂其拘牽文義似后有母道非臣下所敢廢並亦忘賈
后親弒其姑乃名教罪人春秋之所必誅安可詭常經而不識權
安哉推其隱衷自柄由裴頠贊成頠為賈之姻連華實頠之
姪友感頠亦叩感后其孫縫聊以恤人言而其意在助后為政非
然於晉也張林責以武乾之議諫若不從何不去位寔華之不能答
狄

于艸堂石影

十九日晴

杜估自都来以錢新皇甫碑請售驗務字已壞後半並補以三監索價三百金還之

二十日晴

伯夫人冥壽至公所行禮循例也復寄州扇百金以濟考費

二十一日晴

得都電知允蕃亦往應院試州縣皆補卷也寄九弟書

二十二日晴

得孝達電時徐大理致祥劾孝達廉生云語涉及余也得戴二書

楊估寄書數種來殊少佳者附康生一緘知其比病略瘉矣

寄伯潛書附奶餅餘皆門文也孫茶孫來託以雇船載臣事悒悒

二十三日陰晚微雨一陣

竟日

閱箇河集表彰江慎修汪雙池兩先生遺書推尊之至箇中無汪書

適有以參讀禮志疑來售者因留之文章有神即古人亦能感召也

稼書先生於禮經甚有心得視空言講學者自異矣

清獻讀禮志疑曰賈公彥周禮儀禮二疏有功學者唐書不為立傳

世附見於其師張士衡傳中其生平及字皆不可攷可惜但載其子大隱

以直諫著，在武后三世。又載其傳業趙人李元植，該覽百家，高宗時數召見，以帝闇弱，頗箴切其短，帝銜之，未嘗遷巳，命可想見公彥之教。按舊唐書儒學有公彥傳，但載洺州永平人，永徽中官至太學博士，撰三禮疏而已，語太寥寥，與新唐不立傳相等。新唐士衡傳云以禮教諸生，當時顯者永平賈公彥、趙李元植。後又云公彥傳業元植，元植又分明永平乃永年之誤也。

二十四日晴

偶得甯學湛介蕃經說，契至湯八遷，遷者：契始居蕃（見水經渭水注引世本），後封商（見詩），昭明居砥石，後遷商（見世本、荀子），相土居商邱（見左傳），子亥遷殷（見紀年）

上甲微見世本司馬遷史帝甲九年復居商邱年見紀湯居于亳見書序至盤庚

五遷者仲丁遷囂河亶甲居相祖乙圮于耿見書序遷庇南庚遷奄見竹書

共十四遷不止十三遷先輩試題有自契至湯八遷解因摘記之

又呂覽首時曰武王立十二年而成甲子之事唐書一行日度議引管子

家語亦云十二年今管子書無此語余案此可收入管子逸文

唐書厤志一行日度議竹書十一年庚寅周始伐商而管子及家語以

為十二年蓋通域居之歲也

道藏無管子而俞理初癸巳類稿引道藏本不知以何本誤作

道藏也俟考

二十五日晴

晚仲韡悉踪言母及弟病狀回里實因叔卿之母病也談考事竟夕神為之疲有振無絕師道友道均為未合耳得兄輩書

二十六日晴

洪子彬贈牧齋初學集乃明刻者雪帆來得九弟書寄諭兒帖

二十七日晴

史竹孫來得菁衫書

二十八日晴

呂子莊來送房山訓導菁衫內弟唐萬全相識者寄諭兒帖

二十九日晴

借有學集觀之絳雲藏書而其中宋本題跋甚少既為降人而文深文曲詆似長樂老之敘歷朝恩遇同一無恥牧齋則長樂之變相耳昔人謂王覺斯人品日下書亦隨之而錢詩則有學勝於初學余以為初學詩文站得住有學詩文則站不住未聞無地以自處而可以為詩文者也凡詩文能勝人者均先以人品衡之有人品高而不能詩文者未有人品不高而能為詩文者余固哉之論如此

雜閱宋人集中題跋以攷管子無所得僅取韓元吉讀管子文抄

三月初一日晴

五姊及八弟夫婦雙根至津登舟一慟遣王福鄭升及八弟之僕壽升送回命族弟佩紱於河頭迎睞俟秋冬卜葬

初二日晴

復九弟書槃山來書五丁季華已到溧陽

初三日晴

得州房書三房經古合取滄光第一允褒十一潛光十二名

初四日晴

以波羅蜜果詒晦若閱甚檢書輒不能終卷也

嚴鐵橋書漢書律歷志後云漢興承秦楚亥用秦顓頊歷百有二
年孝武改朔建寅鄧平司馬遷唐都洛下閎等造太初歷煌煌鉅典
順孔聖承天之文為萬世則而行僅百餘年莽移漢祚改用三統十
許年而漢誅史注于秦顓頊故術略定編次次至鄧平術臚列周
詳求及三統歷為信史而孟堅求殺顓頊術并求殺鄧平術專取
三統以充篇是真莽歷志豈漢歷志哉余夙仰班每謂班氏當
于王莽於自序中直言之故於王莽事諱之此道不獨律歷志也
即以十志言之惟天文為甚姝既及馬續所修餘皆固作禮樂志則紀
王莽興辟雍及樂陵夷壞于王莽而以世祖事入之不知斷代為史亦不

應闌入光武與蓺文志以東京事入莽者攪亂兩漢同一失於限斷刑法志亦並食貨志敘莽事數千言郊祀志亦以莽興神僊為終之地里志詳紀莽曰某之溝洫志莽未施行之空語亦必詳列之儼然以莽為一朝附於漢書之中令讀班書者喜其足資攷證而不知其殊乖史法也夫固既立自注之例則莽事何妨附注於下而於漢之大政更加詳載亦很以為煩冗者并莽事愈多則漢反從略終為全書之疵三長中少一識字也班書紀莽事太多讀漢文已識之

初五日晴

得劉巘夫書

初六日大風
仲璋來辭行贐以洋蚨二十番無從不能具卮酒也

初七日陰重御棉
葉工元贅水盂爲新來小僮誤碎駭而遁去自慚不爲奴僕所信蓋余從不以誤碎物呵斥僮僕唯書則禁止塗抹耳復載之書并附宥笈拈復信

初八日陰 粹玉忌日風止
得都中書知龔北病又劇伯子恐不復永年矣甚爲悵悶柳質卿來適有事未晤見

初九日晴　出御棉衣

説郛一部以無意得之富華閣碑賈王春山來欲赴於鮮摺碑乃廉

生所薦此君古興可謂寡欲矣

初十日晴

復獻夫書

開元賢相推姚宋然姚之以術余不甚取之趙彥昭勳業遠在

前燕公指使之無顯蹟説請岐王不過畏文獻當國耳業乃

以岐王陛下愛弟張説輔臣而密乘車出入王家恐為所誤

非進説者相公大説之踪跡於皇久矣而業尚能沒澗構

讒其一他險譎至矣毋得謂之賢臣也小說以死姚棠算生
張說為佳話後閱蔵公集則姚碑乃奉勅撰並非私家
所請直是姚家門生故吏所捏造耳蔵公為明皇東宮
侍讀久相愛重即五君詠猶蘇瓌是日故題之說亦属謬
言許公碑亦蔵公所撰小許公豈不知之必待其五君詠
而知為父執耶蔵國子均垍從賊本不宜附其傳末舊書
因均垍復附陳希烈尤謬姚諸子通饋遺宋子渾與李林
甫善計納賂稷女賜均藏家聲而姚無孫有武功宋
轉一衰不振何歟

十一日晴

會經書估以南來書請閱中有儆山分集索價十金還之偶閱宋傳疑錄曰周詩有開不顯帝命不時毛曰不顯顯也不時時也集傳亦因之不字當丕至字讀爲之不顯不承即書之丕顯丕承注家甫所本也又以周字文護毋留予貽書護曰昔在武川鎮生汝兄弟大者屬鼠次者屬兔汝身屬蛇謂此乃胡俗不知後漢已有歲在龍蛇之說矣

十二日晴

買康對山集足本不易得四庫所收乃十卷本也夢玉初來

十三日晴

吳摯甫來與之談及馬義園遺詩屬刻之以終其傳之志並刻李杜兩
估目都來將南下授書余以蔣氏書委之寄廉生書

十四日晴

得高陽書

樓攻媿有答楊敬仲論詩解書反復論難頗有裨於經旨
如氓之詩士之耽兮猶可說也女之耽兮不可說也楊注引俗
說以女淫為大醜此即毛傳女與士耽則傷禮義樓駁鄭
箋云士有百行可以功過相補至于婦人無外事惟以貞信為節
並功過相補則士可耽也每疑其害教適得一說無與士耽

已走自悔而反正之言蓋其所以來取我謀後又以車來則非女之奔之其言曰狂者以士之耽兮敢我今日猶可說也若是女之耽兮則我不可說也故從則以詩之意文免功過相補之害教其說甚厚狼跋之詩毛鄭均以狼興周公程氏謂無以剝狼辟人者樓取蜀人據少卿氏者說詩人蓋以狼之跋疐比四國而公處其中不懼此說最為得之樓鑰攜書以左傳亦非大牙所引多寡合先王在商世雅物以周禮文王以服事商不疵以從來皆前此學者亦嘗於用服膺惜敝仲詩解不可得也

十五日雨

閱張燕公集郭代公行狀太平公主竇懷貞潛結凶黨謀廢皇帝睿宗猶豫未決諸相皆阿諛順旨惟公廷爭不受詔及舉兵誅竇懷貞等宮城大亂睿宗步出承天門觀變諸相竄外省公獨登承天門樓躬侍睿宗閱承宮兵公持戟授于樓下公親扶聖躬敢勸乃止兩唐書敘此甚略舊書云睿宗登承天門元振躬率兵侍衛之新書云睿宗御承天門諸相走伏外省獨元振總兵扈帝於睿宗倉皇幾欲自投之狀均諱之明皇前戡亂事唐人不啓睿宗亦逊

于艸堂石影

令以居廣臣目爲一面當兵討太平一面以兵應上皇同御承
天門觀變乃陰謀鋤賊置老父不顧設元振不至睿宗自
援不知明皇將何以爲人何以爲子也厥後以驪山講武軍
容不振坐代以纛下將斬之未必不以其黨附上皇爲憾
明皇之不孝宜歸自蜀道受李輔國之毒也郭在太學
有人以五世未葬求濟郭舉資畀之後入殺者八馬前從狀
得驛馬二十餘匹帛三千匹即太學請葬士所報也此本須
李藩書不載爲得體新書載著遺後又以薛稷趙
彥昭相譜爲駭歎因去神理

十六日陰

李恬庭為改書數種頗有佳者瑩玉初來談呂子蘧辭赴房山

任

十七日晴

舊書張說傳初說為相時元宗欲討吐蕃說密奏許其通和以息邊境元宗不從及瓜州失守王君㚟死說因獲嶲州鬭羊上表獻之以申諷諭新書說密請和帝曰待王君㚟計之說出告源乾曜曰君㚟好兵以求利彼入吾言不用矣後果㚟破吐蕃於青海西說策其必敗因上嶲州鬭羊帝識

其貪昏瓜州共守孱奚死由劉幸寬之則蘇公因君奚之死
於厥門華是為迎機利導由宋幸寬之則蘇公先發其必
敗同厥門華是為先事防微後日汪汪相似新書為日
寶矣蘇公集有有明林大將軍王公神道碑亦奉勅撰
夫孱奚與蘇公和戎異議而碑極稱其忠勇氣力並云
附叙者若生常談和親者豎儒怯計以隱指之蘊藉
和戎蓋承勅而作體制如斯至證桃文厥碑亦非梁公
之遺命總算也蘇國集有高元福碑乃力士之父集有
代故如蔡元才那文殊可笑也

十八日晴

得廉生書儒弟來酌定八弟葬期陸眉五由太倉至

曹子建集以無七步詩者為佳本然子建實有七步詩見於世說詩云萁在釜下然豆在釜中泣本是同根生相煎何太急文選竟陵王行狀注亦引之則古本有此詩可知又張燕公集今通行二十五卷宋槧竹君有宋刊三十卷本不知當日何以不獻之四庫宋王禹偁小畜集外集僅存七卷為紀文達所藏蓋唐及北宋專集傳刻漸希不知永樂輯大典時何以亦未搜及滂柳館亦未及采輯耶俟日曾集暇及一二其詳具余書目附注中

十九日晴

奭秋來之蕪湖任復高陽書

二十日晴

滄兒歲入第一名潛兒第七名允蔭十四名以書告九弟及鶴巢

朱子涵自邊潤師 命兩兒還里展 墓明日可録

二十一日晴

兩兒回津 復樂山書

二十二日晴

眉五來

二十三日晴

連日書估南來者集津頗有所得

二十四日晴

得九弟書過晦若少談李杜南去寄谊卿及宋式如書並假二估

以賓為物色佳帖與書也作函詒仲璋

二十五日晴

料理回里寄九弟一緘並函謝鶴巢及淩廉生書

二十六日晴

乘輪車回里卯刻至胥莊酉刻至陀由莊至陀向西北行過趙家莊八里小稍地三里篙口七里王家莊五里至陀

五里族中潤零僅于中秀才老健可談年六十九矣重陽日生明年七十乞余一聯

二十七日晴夜大風

至家祠行神禮後於五姊八弟塋前一奠出東門至磵下墳地察穴開工

劉芝坪孝廉鎮疆來午後春宅甥女來劉玉書工倉鍾琪來九

弟之內姪也夜耿耿不寐

二十八日晴風止

巳刻葬八弟夫婦於小磨家陀之北未刻葬五姊於清湖莊之東

悲傷之餘疲乏殊甚夜仍不能寐也

二十九日雨

敬詣
祖 父各塋並至二姊塋及珊緗諸冢雨中疲甚午後酬叢了諸族人至入
門一走

三十日晴
至五姊八弟墓設祭畢回明致書屋早飯不能下咽即令僕從
先發道旋兄子中秀才及劉芝坪兄弟輩送余岐路不覺惘
然九弟在遠送者皆族昆弟也申初到河頭寓同和客店孫小
雲來久之閒行晚即枕即酣蓋連日疲之甚矣四鼓時醒起秉
燭以候明

四月初一日晴

早車回津吳樂山回來談淮部舊事頗足醒脾午初到署

初二日晴

崔琴及來其子祥惺已入泮適晦若少談柳質卿來見寄九弟書

初三日晴

以桂爪寄康生冀北久病也樂山亦病亦醫于津促書候之

初四日晴

以五音類聚寄玉初寄載之書質卿復來晚至琴及處略談

初五日晴

得庚樂秋書並王雲舫一帋午後保定書估王姓（奎文堂）由內所薦來無

可取者買孟亭集閱之其攷證金石書畫學甚淺陋宜注

玉溪詩之支離詩學玉谿而劣甚遠不能望西崑之肩背何也

意甚鬱々味々鼓印入內齋与鞠耦晤談舊事

初六日昨夜甫印枕雷聲殷然而勢頗急晨起溼雲尚油々

也

生母忌日枯坐無俚午後与鞠耦晤話属僕輩整理書

籍而卧榻上觀之有持四々成世因々成詩卷求售者为鄙

於鄭亦奇鄭容安潤祥鄭於乃文端之文潤祥則剛烈之

曾孫也中有石庵竹君覃谿蘭林諸公詩值昂還之

初七日晴

清秘文持米二帖來一珊瑚帖一復官帖快雪堂曾刻之由安儀周展

轉肆傳文忠成邸宜邸索價千五百金讓至千金無力購之內

入班中雙鉤之極妙極肖亦閒中一樂也琴友南還

初八日晴

得劉獻夫書薌林來趙梓芳自南來因仲良保送引見年

六十六矣

豐潤張氏澗

初九日晴

弔御班御母喪午後晤梓芳

前讀兩唐書載廣平之後不振今日檢顏魯公所撰宋文貞碑之側有記云公第六子衡爾居沙州參佐戎幕河隴失守介于吐蕃以功累拜工部郎中兼御史河西節度行軍司馬與節度周鼎保守燉煌僅十餘歲遂有中丞常侍之拜見命未達而吐蕃圍城兵盡矢窮為賊所陷吐蕃素聞太尉名德曰唐天子我之舅也衡之父舅賢相也落魄如此豈可留乎遂贈以駝馬送還于朝大歷十二

年十一月以二百騎盡定護蘇士居于傳之所古來所無也上欲特加趙奠且命待之于側門而舊書云衡屢宦贊贓流貶又云衡最薦儉險廣平風教無以存矣新書亦云衡家險特廣平之風衰焉然史筆之於家碑能截迥異史或直筆碑或曲原而衡於沙州貶後又有復奉戒首蕃將至中丞兼常侍一事史則略之不可解也世系表衡仕至檢校左散騎常侍是後此來有趙奠並魯公所紀之為確實可知華之子儆能與魯公交請其撰碑大書則諸孫中亦尚有賢者史亦稍刻矣

豐潤張氏澗

初十日晴
得熱河雷樂山病重

十一日陰
碩廷來

十二日雨
悶坐無所事事

十三日陰
擬閱太白詩忽忽一日仍未開卷也

十四日陰

得都門書楊佑寄書十餘種來

閱陸仲昭時雍古詩鏡唐詩鏡其總論以神韻為宗情境為主

余謂漁洋拈神韻二字以明一時風氣實濫觴於仲昭也仲昭上下

千古頗有特識學詩者不可不閱其總論也

十五日晴陰相間

丁春稟當陽文案已結

考差題澤梁無禁次辭尚體要二兩詩密林生雨意得林字

姚合郡中西園詩一作許渾按原刻少監集席刻作雨氣韻

府作雨意不知何本也

十六日晴

寄九弟及戴之書李搏霄來晚趙宇香自山東至得菁衫書

十七日陰微雨旋止

過晦若略話湖北茶葉免議趙鳳昌革職驅逐回籍孝達之巡捕也後若投署處常州人粵督後奏平和劾趙乃江督奏語

亦

復獻夫書戴之有書至

十八日陰

得章頌民書

于艸堂石影

唐貞觀十七年趙國公無忌河間公孝恭萊國公如晦鄭國公徵梁國公元齡鄂國公敬德衛國公靖宋國公瑀褒國公志元夔國公宏基薛國公通鄖國公開山譙國公紹邳國公順德鄖國公亮陳國公君集郯國公公謹盧國公知節永興郡公世南渝國公政會莒國公儉英國公勣並胡國公叔寶圖形淩煙閣見新書秦叔寶傳按太宗兼文武之資以得天下然羣策羣力亦一時將相之功而新舊兩書於諸將敘述均少精神舊書叔寶貞觀十二年卒新書並此節之則十三年由翼國改封胡國竟不知其為殁後為生時矣迹其改封必叔寶有子孫承襲傳皆遺誤不載殊為疏闊程知節子處默

襄盧國公處亮尚太宗女清河長公主授駙馬都尉左衛中郎將少子處弼官至右金吾將軍處弼子伯獻開元中右金吾大將軍新書並省去第四子處亮尚清河公主而已安得曰文省而事增乎惟尉遲敬德傳極為鋪叙考舊書許敬宗傳敬宗為子娶尉遲寶琳孫女（新書作敬德女孫敬宗與敬德同時不應年輩參差若子娶鄭公主孫女似新書為實舊書誤衍一孫字耳）多得賂遺及作寶琳父敬德傳悉為隱諸過咎太宗作威鳳賦以賜長孫無忌敬宗改曰賜敬德按鄭公未降之先為秦叔寶所破其後破世充建德及息巢之役與秦程皆同預密謀不應鄭公凌煙之名遂列於杜後房前矣

許敬宗有所抑揚而舊新兩書均沿其謬也

十九日晴陰相間

李贊臣來談得熱河電樂山病仍如前九弟書至卅〻復之

二十日晴夜雨

洪翰香自蕪湖來

二十一日晴

翰卿復來午飯時士周及楊藕舫踵至

二十二日雨

寄李邢夫人書

二十三日夜雨

得廉生書言冀北病危語甚酸惻泰萩林来

二十四日夜雨

與合肥論馭僕事過晦若復廉生書連日欲踵韋作

清書經籍攷證粗創條例旋復作輟無非心緒之擾雜耳

內人又小病殊悶悶也

二十五日晴

泰萩林来

老子論德章失道而後德失德而後仁失仁而後義失義而

後禮此數語家有病据韓子解老篇作失道而後失德失德而後失仁失仁而後失義失義而後失義禮並後恍然老子古本如此删上下二失字不可通矣

二十六日晴

陸眉五自都來得蔚廷書翰香及其兄露軒全潘子静函告蔣慶之書不能成交易悶甚

二十七日晴

張筱傳來談

隨受周禪遂為無恥蔚廷迴舉兵實為義舉韋孝寬受

豐潤張氏澗

周累世深恩乃甘心為堅爪牙行至朝歌察迥有變稱疾徐行又欲斬兄子藝具傳迥謀是其心固已嘗於楊氏矣與何待李渾之中意孝寬背周即隋之罪已無可逭破迥之後未及隋氏受禪而死列於周書轉若周之純臣者李穆附堅渾亦代布腹心乎為宇文述陷之誅死天殆假手以正其背周之惡非不幸也當尉遲兵起若孝寬與之合力匡以殺堅惜哉

二十八日晴

翰香來談

北史隋書及唐舊新兩書李密傳均不詳盡通鑑所敘較有眉

日令略輯之
蒲山公李密弼之曾孫也少有才略志氣雄遠輕財好士為左親侍
帝見之謂宇文述曰向者左仗下黑色小兒瞻視異常勿令宿衛
述乃諷密使稱病自免密遂屏人事專務讀書嘗乘黃牛
讀漢書楊素遇而異之因召至家與語大悅謂子元感等曰
李密識度如此汝等不及也由是元感與為深交時或侮之密
曰人言當指實寧可面諛若決機兩陣之間喑嗚叱咤使敵
人震懾密不如公驅策天下賢俊各申其用公不如密豈可以
階級稍崇而輕天下士大夫耶元感笑而服之

元感反召密〻適至元感大喜以為謀主謂密曰子常以濟物為己
任今其時矣計將安出密曰天子出征遠在遼外去幽州猶隔千里
南有巨海北有彊胡中間一道理極艱危公擁兵出其不意長
驅入薊據臨渝之險扼其咽喉歸路既絕高麗聞之必躡其後
不過旬月資糧皆盡其眾不降則潰可不戰而禽此上計也元
感曰關中四塞天府之國雖有衛文昇不足為意今帥眾鼓行
而西經城勿攻直取長安收其豪傑撫其士民據險而守之
天子雖還失其根本可徐圖也元感曰更言其次密曰簡精
銳晝夜倍道襲取東都以號令四方但恐唐禕告之先已固

守若引兵攻之百日不克天下之兵四面而至非僕所知也元感曰不
然今百官家口並在東都若先取之足以動其心且經城不拔何
以示威公之下計乃上策也　元感至東都自謂天下響應得韋福嗣委
以心膂不復專任李密福嗣每畫策皆持兩端密揣知其意謂
元感曰福嗣元非同盟實懷觀望明公初起大事而姦人在側
聽其是非必為所誤請斬之元感曰何至於此密退謂所親曰楚
公好反而不欲勝吾屬今為虜矣李子雄勸元感速稱尊
號元感以問密密曰昔陳勝自欲稱王張耳諫而被外魏武將求
九錫荀彧止而見誅今者密欲正言還恐追蹤二子阿諛順意又

非密之本圖何者兵起以來雖復頻捷至於郡縣未有從者東都守禦尚彊天下救兵益至然當挺身力戰早定關中西面欲自尊何示人不廣也元感笑而止 元感解東都圍引兵西趣潼關守文述等諸軍躡之至弘農宮父老遮說元感曰宮城空虛又多積粟攻之易下元感以為然宏農太守蔡王智積謂官屬曰元感聞大軍將至欲西圖關中若成其計則難克也當以計縻之使不得進不出一旬可以成擒及元感軍至城下智積登陴詈之元感怒留攻之密諫曰公今詐眾西入軍事貴速況乃追兵將至安可稽留若前不得據關退無所守

大衆一散何以自全元感不從遂攻之三日不拔乃引而西宇文述等軍追及元感大敗獨與弟積善徒步走謂積善曰我不能受人戮辱汝可殺我積善斫殺之磔尸東都市

密元感直一無賴少年徒耳從之為逆元感之不用其謀誠爲自取滅族然亦時即用其上策亦不能有功也由黎陽長驅入薊豈救兵不能四集乎第以元感不用密言遂謂其真可制勝入關之策唐用之以開基然唐起於隋已潰之後元感反於隋未亂之時即行中策亦無能爲以非成敗論人真讀史者當有遠見

二十九日晴

衛邃三來

密亡命為人所獲送東都　考異隋書密傳密間行入關与元感從叔詢相隨匿於馮翊詢妻之舍尋為鄰人所告遂捕獲囚於京兆獄又云及出關外防禁漸弛又云至邯鄲密等七人皆穿牆而遁唐書雖不云囚於京兆獄亦云出關按密若自關中送高陽不當与韋福嗣同行今從賈閏甫蒲山公傳及劉仁軌河洛行年記

樊子蓋鎖送福嗣密及楊積善王仲伯等十餘人詣高陽密与王仲伯等竊謀亡去悉使出其所齎金以示使者曰吾等死日此金並留付公幸用相瘞其餘即皆報德使者利其金許諾防禁漸弛密請通市酒食每宴飲諠譁竟夕使者不以為意行至魏郡石梁驛飲防守者

皆醉穿牆而逸河洛記曰左樂驛今從蒲山公傳密呼韋福嗣同去福嗣曰我無罪

天子不過一面責我耳

按密以福嗣兩端嘗請元感斬之及宵呼之同去乎

大業十二年密之亡也往依郝孝德考異引壺關錄不取孝德不禮之又入王薄薄亦不

之奇也密困乏至削樹皮而食之匿於淮陽郡舍變姓名聚徒

教授郡縣疑而捕之密亡去抵其妹夫雍丘令丘君明君明不

敢舍轉寄密於遊俠王秀才家秀才以女妻之君明從姪

懷義告其事帝令懷義自齎勅書與梁郡通守楊汪相

知收捕汪遣兵圍秀才宅適值密外出由是獲免君明秀才

皆死

于艸堂石影

五月初一日晴

黃秦生來清卿有書寄山谷淡山石刻晚陳觀虞過我關話頭

痛卧一時許始解

初二日晴

午後秦生來得樂山及高陽書復樂山一函

初三日晴

洪翰香來午後得冀北凶問殊可痛惜

初四日陰

端午賜樞臣
慈聖御筆畫扇合肥亦得賜二扇因有專弁謝恩附寄高陽及康
生書

初五日晴

牛李黨舊書指牛僧孺李宗閔通鑑唐紀五十九牛僧孺入相德裕以為李逢吉排己由是牛李之怨益深則以牛指僧孺李指德裕蓋溫公之誤也通鑑於長慶黨事意在執中而宋人議論喜安靜惡生事不免袒牛李而貶衛公有極不公者試拈二則以為讀史眼具

八關十六子考異曰按宰相之門何嘗無特所親愛之士數蒙引接詢訪得失否臧人物其間忠邪渾殽固亦多矣其疏遠不得意者則從而怨疾之巧立名目以相譏誚此乃古今常態非獨逢吉之門有八關十六子也舊逢吉傳以為有求於逢吉者必先經此八人納賂無不如意亦恐未必然但逢吉之門險詖者為多耳此皆出於李讓夷敬宗實錄指栖楚為吏敢與王承宗爭事此乃正直之士何得為佞邪之黨哉蓋讓夷德裕之黨而栖楚為逢吉所善故深詆之耳按栖楚極諫敬宗實錄以為賣直並云克明之難皆栖楚兆之誠為偏謬並李逢吉之護惜栖楚

雖云重其敢言亦必平時親昵始肯為之調劑亦何能因其一節之長而遂欲出之八關之列哉然猶云善善從長也維州之罪溫先亦曲為奇章原之胡氏云米脂四寨之棄大學類此不足論矣牛僧孺為山南東道節度漢水溢壞襄州民居以自隄防不謹罷為太子太師初非荷罰通鑑則曰德裕以為僧孺罪而貶之牛李與劉從諫之交通河南尹呂述言稹破報至僧孺出聲歎恨孔目官鄭慶言從諫每得僧孺書疏皆自焚毀此或呂鄭希旨誣之然德裕奏請貶黜亦以直報怨而已鑑則以鄭慶之言出於德裕所令不亦鍛鍊周内乎

初六日陰

得鶴巢書

五代史任圜傳稱其相明宗選辟才俊抑絕僥倖公私給足天下便之余以為任圜之負莊宗至矣圜素為莊宗所獎賞當魏王之殺郭崇韜命圜代將其軍（歐史）其時明宗監國圜攻康延孝於漢州旋至渭南繼岌遇害圜代總其軍（薛史歐作魏王先至渭南自殺蓋為圜解今不取）接繼岌以從襲告以時事已去王宜自圖乃自伏於牀命僕夫李環縊殺之其時圜若不在軍中則王死軍必四潰圜安得代總其軍以歸以情勢推之圜必以繼岌孺子不足奉觀望不前致一任李　　輩殺王

而圜既不究繼岌被害之故，全師以為己功，明宗遽命為相，非嘉
其全師之功，嘉其殺繼岌之功也。歐史於繼岌傳云：繼岌面榻而
卧，環縊殺之，即繼以任圜從後至，何其巧耶？圜率征蜀之師至京師，
明宗撫慰久之，問圜繼岌何在，圜具言繼岌死狀，嗣源與圜之奸
謀畢露矣。繼岌雖無重輕，人情無不惜死，觀其處置郭崇
韜事，初則不肯負心，亦尚非全無識見者。其在渭南，浮梁雖
斷，左右離潰，而任圜之軍固在，何難召圜以決進止，乃遽以從
襲一言，倉皇就榻，甘就縊死，初無死中求活之一念，豈情也哉？
然則當日情事，必任圜已受嗣源之密指，因迫繼岌殺身以為

已功觀其奏牘後並不追究從龔輩直以自殺爲言罪狀
明白矣使圖當日心乎莊宗以滕蜀之師擁戴繼岌與孟知祥
相結以平內難名正言順雖敗猶榮况未必敗乎計不出此委心明宗
及判三司復以成都富饒欲運蜀財以富國欲因知祥爲莊宗近
姻欲援之以不安其位也計既不成徙爲安重誨所忌矯制賜死聚
族而殲可謂天道不爽矣薛歐無識不能深抉其隱率以忠罔
予之不亦奸邪之輩乎

初七日晴

吳樂山來致廉生書慰之並論於孫女一紙

初八日晴

荀臣来

初九日晴

陳冠生自都回浙過此蔚廷寄李光禄傳稿

初十日晴

盛杏孫来得巢山電索肉桂

十一日雷雨

過晦若以桂寄巢山

十二日晴

致蔚廷書

十三日大雨竟夕

屋皆穿漏河水長三尺許

十四日晴

梁書徐勉傳常與門人夜集客有虞暠求詹事五官勉正色

荅云今夕止可談風月不宜及公事故時人咸服其無私桉江

蒨傳勉因蒨門客翟景爲其第七兒繇求蒨女昏蒨不荅景

再言之乃杖景四十由是與勉有忤除散騎常侍不拜是時勉

又爲子求蒨弟葺及王泰女二人並拒之葺爲吏部郎坐杖曹

中幹免官恭以疾假出守乃遷散騎常侍皆勉意也王恭出鎮
高祖謂勉舊應居選部勉對曰舊有眼患又不悉人物高祖
乃止既能修怨所能市恩風月之談猶以非虞暠再不可懷
之無私也

十五日晴

右北平郡縣十六錢坫及洪亮吉李兆洛說異今列之 洪與李均本一統志

平剛 錢永平府東北四百里 李同

無終 今玉田縣 今薊州治

石成 今奉天府承德縣西北 李同

俊靡 今遵化州東西 西北

廷陵 闕

薋 闕 當在遵化

澗于艸堂石影

徐無 遵化東 遵化西北　　字 子谷口 李國山海關邊外

土垠 豐潤東十　　白狼 奉天西北 承德西北

夕陽 關 灤州西南　　昌城 永平西南 灤州西南

驪成 撫甯 樂亭西南三十　　廣成 奉天西北 承德西北

聚陽 關　　平明 關

又閱陳澧漢書地理志水道圖說以撫甯為案海陽為樂亭字為灤州

似校明而說龍鮮封大篋盧之水既日兩疑又列之灤州豐潤之間蓋以

水經注卧之水在肥如之東濡之西也並以水經論則濡之西尚有素河九過

之清水本冤水北陽孤從諸水以漢志論則在北平下字縣徐水出東北塞

湮其迹矣甚矣古北平之地理水道不易條分縷晰也尚有洪頤煊及
吳卓信兩家未見

白狼在奉天承德此說殊謬水經注石城川水出西南石城山東流逕石
城縣故城南北屈逕白鹿山西顧亭林云白鹿山即白狼山也據此知白狼在今承德府
屬之建昌一統志白狼山在縣境今名布祜圖山是也魏志田疇傳上徐無山
出盧龍歷平岡登白狼堆去柳城二百餘里以此度之平岡在今之平泉白
狼在今之建昌距嚮遠道里差合而石城故縣當是漢之石城在建昌
白狼山之東北可知魏書地形志廣興下云有雞鳴山石城大柳城白狼石
城柳城相距在二百里間李以柳城為永平大誤又以廣興為在錦縣似皆未審

十六日晴

遼西郡縣十四

且慮 永平城東 盧龍東
海陽 樂亭 灤州西南

新安平 永平城東 灤州西
柳城 錦州甯遠州西南平山營城東 永平府境

令支 永平東南 遷安西
肥如 永平 盧龍北二十

賓從 徒 當在錦州
交黎 奉天西北 昌黎縣地

陽樂 永平城东 撫甯西
狐蘇 錦州府地 錦縣地

徒河 錦州府地
文成 盧龍縣境

臨渝 奉天西境 永洤縣西

紫 昌黎 同

十七日晴

約萱臣来話

遼東縣十八

襄平 奉天府城 遼陽州北七十

新昌 海城縣東

無慮 錦州廣寧 廣寧治

房 奉天海城 廣寧東南

候城 奉天北境 承德縣北

遼隊 海城縣地 海城西六十

遼陽 遼陽州 同

險瀆 廣寧東南

居就 遼陽州西六十里 州西南

高顯 奉天府境

安市 蓋平東北七十里 同

武次 奉天東境 承德東

平郭 蓋平地 鐵嶺東北界　西安平 遼陽東南鴨渌江入海之所 遼陽東

文 奉天府境　番汗 朝鮮京畿道國城西北

望平 開原 廣寧東北一百五十　沓氏 遼陽州境

十八日晴

潘子俊來得誼卿書晚陳序東龔厚菴商州志晚過晦若略談

漁陽郡縣十二

漁陽 密雲西南三十里 同　狐奴 順義東北二十里 三十里

雍奴 武清 武清東八　泉州 武清東南三十里 四十里

平谷 通州北 平谷縣東北十二　安樂 通州西北 順義西南

厗奚 密雲西 密雲東北　獷平 密雲西南 密雲東北

要陽 密雲東南六十里 承德府西　白檀 密雲縣南二十里 承德府西南

第二路後開 又通州東南 通州東八

滑鹽 平谷縣西北 承德府西南

漢書李廣傳弭節白檀注孟康曰白檀屬右北平誤也但臨右北平盛秋而弭節白檀則白檀當與右北平接晰洪志灤平縣白檀故城在縣西南漢要陽廢縣在縣西南魏武紀建安十二年乃塹山堙谷五百餘里徑白檀歷平岡涉鮮卑庭東指柳城未至二百里虜乃知之田疇傳亦言曹軍從盧龍口越白檀之險出空虛之地其後但言出盧龍越平岡以武紀互勘白檀在盧龍口外必先經白檀而後達平岡其在灤平無疑矣

十九日晴

水經注鮑邱水篇泃水出北山山在傂奚縣故城東南東南流逕博陸故城北又屈逕其城東又屈逕其城東世謂之平陸城非也漢武帝璽書封大司馬霍光為侯國文穎曰博大陸平也取其嘉名而無其縣食邑北海河東韓瓚曰按漁陽有博陸城謂此也今在且居山之陽處平陸之上帀帶川流面據四水文氏所謂無縣目嘉美名也按此則鄭注文穎以瓚說駁之疑即右北平之聚陽莽之篤睦也瓚誤右北平為漁陽猶孟康之注白檀誤漁陽為右北平篤睦博陸一聲之轉且居及聚亦一聲之轉在且居山之陽故

名曰聚陽也

二十日晴

晚賚臣及洪氏弟兄並來與伯述在晦若坐上商議州志事宜屬伯述先創體例

水經注以秦置右北平治此指無終莽所謂北順也後漢治土垠晉治徐無方輿紀要無終城在玉田縣治西徐無在縣東土垠廢縣在縣西北六十里又垠城鋪在縣東十里是漢晉右北平太守治均在遵玉豐境內擬立右北平太守表漫紀於此

右北平太守表

漢　李廣

路博德

師子將 見元和姓纂　畢彤 見元和姓纂 河間人

本風俗通

東漢 衡方 漢碑　郰瓊 見風俗通

張守 見唐宰相世系表 又見燕公集晧子

劉政 後漢劉虞傳

晉 劉膺 宋書武紀 宗正德後 膺生熙 熙生旭孫 旭孫生混 始過江

韋廣 梁書韋叡傳 叡族弟愛之高祖 其子軌 孝武太元時

居襄陽

閻鼎 見世系表 贊孫 真子 字玉鉉 安成亭侯 死劉聰之難

此河南新安之閻鼎與晉書閻鼎別是一人沈炳震以鼎傳不言其祖即贊為疑不知彼乃天水此乃新安彼字台臣此字玉鉉彼仍豫州刺史此為北平太守非一人也

前趙 楊平

後趙 陽裕 段遼北平相 石虎建武四年北平太守

前燕 孫興 僞朝 遷中山太守

楊鏡 隋高祖 唐宰相世系表 震八代孫

秦 皇甫傑 苻堅時

二十一日晴

至海防公所

二十二日晴

豐潤張氏澗

于艸堂石影

二十二日夜雨雷震大王二廟棋杆

二十四日晴

佟蓮溪来謨勛由兩得九弟書

粵還

豐潤張氏澗

于州堂石影

二十五日晴

至海防公所

二十六日晴

晚得玉初書

于艸堂石影

二十七日晴

白鏡江署趙州來談李士周臧否孫六丈午後孫小雲表兄來

李搏霄復請見皆襟識子也錢念劬太守自外國還

豐潤張氏澗

二十八日晴夜大雨

佟蓮谿復來晦若容民時談片刻得廉生復書以敦輶道志一

部送伯述備考

二十九日晨霽晚陰

午後得熱河電樂山本日辰刻卒于任所其夫人先於廿二日中風去

世殊可傷也

豐潤張氏澗

六月初一日晴

至公所摶霄來

初二日陰

昨夜受寒自晨吐瀉交作昏臥竟日得子涵書伯行來以病未見

初三日晴

鞠耦生日以先母故辭其賓客歡余亦病餘懶茶也午後梅若約伯述來談志例適趙梓芳父子拜准至辭談而散

初四日晴

伯行來談答趙氏父子跌覺頭目眩暈之至午後閱壽老所修

畿輔志欲考證陡河不得要領

初五日晴

朱伯平來与之略話约龔厚菴來商修志事得趙菁衫函書

致呂子莊一緘

初六日晴

得廉生書過伯行午後貫臣来寄元世光書及樂山幛還陸宜赴

熱河

初七日晴

得魏大令楷儒書述樂山身後情形是日讀邸抄樂山照部

于艸堂石影

優例賜卹賞銀五百兩治喪子元桐賞員外郎夜翰香來

初八日雨

得獻夫書

初九日雨

吳贊臣曹蕃臣均來內人小病

初十日晨雨止申後又雨

伯夫人周年忌至經堂一行午後返

十一日大雨

劉秀才功懋來仲彭處權館者

十二日丙 先慈忌日

于艸堂石影

十三日雨

十四日雨

周玉山來云盜風甚熾沈子眉來云常熟瞿氏藏書有出售意

十五日晴午後雨

容氏來談子眉又過談

十六日晴

至經堂晚過梓芳文略往水溢閱都梓尤甚

十七日晴晚雨

伯夫人臣隸葬送至紫竹林薄暮始返 梓芳父子明日行

十八日晴

十九日晴酷熱

水勢益長午後洪魯軒髯行黃立庵王令棋敔自湖南来

二十日晴

湄于日記

于艸堂石影

二十一日陰夜微雨一陣

省梅若疾晚浴後受涼

二十二日晴

病矣卧睡竟日

二十三日晴

馬植軒恩浯史竹孫均來兩人同名也是日作燒田鄉人勉強之夜微

汗就愈

二十四日晴

文美來售書中有宋武曹校諸子九種大氏錄王氏雜志之說

索價甚昂手錄其校賞一冊僅十餘條之說身亦淺甚又有焦里堂毛詩物名釋稿本兩二南衛風鄭風秦風下曹風小雅鹿鳴南有嘉魚兩什閱頌清廟之什以書來叔刊行否

二十五日晴

二十六日晴

過晦若

二十七日晴

晚馬楨軒又來陳々序東率遵化書辦董事至得獻夫書

二十八日晴

萬壽節伯述承詩來談與承詩商館師復獻夫書

閱二林居集儒釋雜糅殊無足取

二十九日晴

李怡庭寄書帖來

三十日晴。酷暑。

七月初一日晴

趙再鑫同年来以長沙府明保引見也即答之

初二日晴

洪翰香来

初三日晴

梅若伯遂来談

初四日晴夜雨

初五日晴

菁臣來

初六日晴漸涼

先人忌日得高陽書

初七日晴

初八日雨

湘綺樓日記

千艸堂石影

初九日晴

達王福臨里寄九弟書

初十日晴

楊彝卿及博霄來後高陽書聞康生得河南試差

于州堂石影

十一日雨雷

黃秦生來晚過梅若一談

十二日晴

翰香來晚偕次申至並見秦生

借梅若穆堂別集閱之漕行日記於截尾幫留津春運言之甚詳有以見河運之艱自　國初已並復河運者可以悟矣

十三日晴

元次山集有為董江夏自陳表其略云潼關失守皇輿不安四方之人無所繫命及永王承制出鎮荊南婦人童子忻奉王教

意其然者人未離心臣謂此時可繫舊臣節王初見臣謂臣可
任遂援臣江夏郡太守近日王以寇盜侵逼總兵東下旁牒郡
縣皆言巡撫今諸道節度以為王不奉詔兵所郡縣疑王之
議聞於朝廷臣則王所援官有兵防禦鄰郡並邑疑臣順王南
日至聞破身無地臣本受王之命為王奉詔王所援臣之官為臣
計國忠臣之分臣實未虧蒼黃之中死戔無所江夏本自陳
而王之總兵東下本因寇盜不虞為永王代陳然則永王之作亂也
邛萬為王黨深山賢人肯為之執筆詭詞顛到罪名耶
此足為太白詩一佳證

十四日晴

夜遣滄兒入都應秋試潛兒筆才十七余意不欲其速成擬以待來年也寄都中諸師友書五函高陽潤師鶴巢尉廷慕韓

豐潤張氏澗

十五日晴
過梅若小坐遇肓堂

于艸堂石影

十六日晴 先祖忌日

得張祈伯書寄褚伯爰生沙壺廉生亦有書至以今日行也王福

由里回

十七日陰微雨

秦生厚菴來湯伯述入都

十八日晴

士周來因交蔚廷信也

毛稚黃惮氏論畫記世傳北宗以唐李思訓昭道父子為主謨極工整麗密之致由劉松年李唐馬遠夏圭輩觀之豈以有之李遺之意耶故北宗以李將軍論則可謂衣鉢失傳矣余曰於目劉李夏馬始近言北宗惟仇唐仇不及唐之高秀而精工又自士氣家不見自浙則戴靜庵文進遠宗馬夏然視仇又千里矣畫之北宗又失傳然豈惟畫哉吾派亦以無衣鉢為吾北人之恥也然自一二賢者振起之耳 其說見溪書

十九日晴

二十日晴

寄樂山挽聯夫婦名一副

二十一日晴

黃定侯建勳秦生及穀士同年均來　穀士由河南調入都

二十二日晴

寄吳蔚石書以春生薦師詢其在籍否（一康孝廉澤濤一孫孝廉承灝均蓮池高材生也）後日蔚石書康已下世三年孫則病兼有煙癖

二十三日晴

豐潤張氏澗

二十四日晴

二十五日晴

二十六日晴
陳養源来先頤容氏
許得伯平書

千艸堂石影

二十七日陰

過梅若泰生赴保定夜夢子儁

于艸堂石影

二十八日晴
李搏霄来晚持螯取醉 醒則夜已半矣得永侍書薦常
塾孫同康即令筆在予幕閱所見文者余意不欲延若望復
云

二十九日陰

韓字統韻略成

國朝人有古兵仗放所放殊陋今更博徵之使與桂未谷釋甲

相次 王肆兵仗記

盾 瞂也所以扞身蔽目 瞂 盾也 䶅 盾握也 戰 盾也 櫓 大盾也

刀 兵也 劍 刀握也 鏢 刀削末銅也 珌 佩刀下飾

劒 人所帶兵也 劉 刀劍刃也 鐔 劍鼻也 鏌 鏌釾也 釾 闕 璏 劍鼻玉也

戈 平頭戟也

戣 周書侍臣執戣立于東垂 兵也

戟 有枝兵也从戈倝周禮戟長丈六尺 戞 戟也

戭 長槍也

戉 斧也 戚 戉也 柯 斧柄也

矛 酋矛也建於兵車長二丈 矜 矛柄也 𥍯 矛屬 䂆 矛屬 矠 矛屬

鈒 鋋也 鋋 小矛也 鉈 短矛也 鏦 矛也 錟 長矛也

錞 矛戟柲下銅鐏也 鐏 柲下銅也

鈗 侍臣所執兵也周書曰一人冕執鈗

殳 以杸殊人也禮殳以積竹八觚長丈二尺建於兵車旅賁以先驅

祋 殳也 杸 軍中士所持殳也

矢 弓弩矢也从入象鏑栝羽之形古者夷牟初作矢 栝 一曰矢栝

弓 以近窮遠象形周礼六弓王弓弧弓夾弓庾弓唐弓大弓

弴 畫弓也 弭 弓無緣可以解轡紛者 弲 角弓也 弧 木弓 彄 弓弩耑弦所居也

弩 弓有臂者周礼四弩夾弩庾弩唐弩大弩 彈 行丸也

弦 弓弦也 榜 所以輔弓弩 檠 榜也

八月初一日晴

閱庭立記聞宋南渡四大將韓岳偉矣張俊劉光世何以並稱自岳俊無豈道劉乃劉錡非光世也宋史俊傳亡明而傳論又以爲光世此史臣之謬吾謂南渡四將韓岳而當數劉錡吳玠許周生云開禧二年史官章穎上南渡四將傳劉錡岳飛李顯忠魏勝皆不能遂其志賫恨以終者論案四將之說必本舊說據章穎所上傳爲次則俊傳高宗且以俊勝於世忠矣僉當時談而別有優劣則史論非事實也

初二日晴

至筱卿處略談夜陳劭吾送潮州淮彥田所寄實夫書

近刻三國志證聞一書錢儀吉撰劉封傳本羅侯寇氏之子引趙一清云羅侯地名也水經注云須水西逕長沙羅縣西羅子自枝江徙此世猶謂之羅侯城據此說是也封傳孟達與封書曰以足下之才棄身來東繼嗣羅侯不為背親也又云若足下翻然內向非但與僕為倫受三百戶封繼統羅國而已當更剖符大邦為始封之君是羅侯乃其父封爵非地名也

初三日晴

馬植軒回里過談趙菁衫遣其從子恩浙來以曹寶及先生小像索題 名鈖澹庵先生之子

初四日晴

魏芷汀來知樂山中丞諡並言朝陽之亂蒙教欺民於先而賊兵劫民於後迭受四害孑遺可哀

筆叢論春秋繁露十七卷自宋以來咸以為疑劉氏七略春秋類惟公羊治獄十六篇絕無繁露之目隋經籍志始有之或以為即公羊治獄十六篇非也余讀漢藝文志儒家有仲舒百二十三篇本漢不

可考隋志特出繁露十七篇今讀其書爲春秋發者僅二十之四五
意此八十二篇之文耶漢志儒家百二十篇東京而後章次殘缺好事
因以公羊治獄十六篇合於此書又妄取班氏所記繁露之稱繫之而
儒家之董子世遂無知者後人既不察百二十篇所以亡又不深究八十二
篇所從出徒紛紛聚訟篇目間故處其之當析其論春秋者復
其名曰董子可也佩綸頗韙其說因取繁露攷之自第一至十七皆
說春秋較漢志公羊治獄多一篇而滅國分為上下實止十六篇也此
十六篇即公羊治獄無疑矣自十八篇離合根至八十二篇天地施六十五篇
其中及春秋者如三代改制質文如爵國如仁義法如觀德如奉本如

深察名號外郊義外郊祭外順命則亦閒發春秋並旁徵博引與
前十七篇微異葉漢書董傳仲舒所著皆明經術之意及上疏條
教凡百二十三篇而說春秋事得失聞舉玉杯蕃露清明竹林之屬
復數十篇十餘萬言皆傳於後世掇其切當世施於廷者著于篇
所謂數十篇即志之十六篇百廿三篇即志之儒家百二十三篇雖尚
闕五十八篇而以漢書之策及五行志所載補之與王國所輯春
秋決事之類仲舒所書大意具存近儒臆作春秋繁露非不
詳密而於篇目離合之故不置一詞與孔氏公羊通義陳氏公羊
疏全以繁露為本而不知繁露即公羊治獄故采胡說而詳識之

初五日晴

寄九弟書呂定之前輩来

太史公牛馬走有解作先馬走者其説頗是越語句踐身親夫差前馬韓非子云為吴王洗馬淮南子云為吴王先馬走乃馬前引導之人漢書百官表太子太傅少傅屬官有先馬張晏曰先馬員十六人

晉書顧衆虞潭傳贊顧實南金虞惟東箭銑質無改筠心不變

顧榮傳榮言陸士光貞正清貴金玉其質甘季思忠款盡誠膽幹殊快殷慶元質略有明規文武可施用榮族兄公讓明亮守節困不

易採會稽楊彥明謝行言皆服膺儒教足爲公望賀生沈潛青雲之士陶恭兄弟才幹雖少實事極佳凡此諸人皆南金也薛兼傳少与同郡紀瞻廣陵閔鴻吳郡顧榮會稽賀循齊名號爲五儁初入洛司空張華見而奇之曰皆南金也史臣亦云顧紀賀薛等並南金東箭世胄高門何一時品藻均以南金東箭爲評不可解也東箭本孔融答虞翻書閱延陵之理樂覩吾子之治易乃知東南之美非徒會稽之竹箭也渾本翻孫衆亦紫族今但知渾衆爲金箭不知虞有兩世舉箭顧有三人南金並一時錚錚品題如此是皆以詞人執史柄故複沓可厭耳

初六日晴

為陳光及杰姪改趙雲論各一篇

王祥傳母常欲生魚時天寒氷凍祥解衣將剖氷求之氷忽自解雙魚躍出持之而歸王延傳母卜氏嘗盛冬思生魚勅延求而不獲杖之流血延尋汾叩凌而哭忽有一魚五尺踊出水上延取以進母食之積日不盡兩孝子均姓王均求剖白魚事相類嵇紹傳紹之行也侍中秦準謂曰今日向難卿有佳馬否紹正色曰大駕親征以正伐逆理必有征無戰若使皇輿失守臣節有在駿馬何為聞者莫不歎息卞壼傳壼司馬任台勸壼宜畜良馬以備不虞壼笑曰以順逆論之理無不濟若万

一木、並豈須馬哉毋患在日不畜良馬事又相類

初七日晴　似南中桂花蕊

張賓傳附石勒載記後賓卒勒流涕顧左右曰天欲不成吾事耶何奪吾右侯之早也程遐代為右長史勒每與遐議有所不合輒歎曰右侯舍我去令我與此輩共事豈非酷乎因流涕彌日及考載記清河張披為程遐長史遐甚委昵之張賓舉為別駕引參政事遐疾披去已又忌賓之權盛勒世子宏即遐之甥也自以有援故睨威重於勒乃使宏之母譖之曰張披與張賓為游俠門客日百餘乘物望皆歸之非社稷之利也宜除披以便國家勒然之至是披取急召不時至因此遂殺之賓知遐之間已遂弗敢請未幾以遐為右

長史總執敬陸曰是耶臣莫不震懼赴于鼎鑊矣觀此則勒殺張
披已疑賓賓以憂死耳豈賓死而又悔之耶方之苻堅之於王猛
勒苗不絕矣

勒時營鄴宮時大雨霖中山西北暴水流漂巨木百餘萬根集于
堂陽勒大悅謂公卿曰諸卿知不此非為災也天意欲吾營鄴
都耳前在襄國勒下令曰去年水出巨材所在山積將天欲孤繕
修宮宇也其擬洛陽之太極起建德殿遣從事中郎任汪師
使工匠五千采木以供之村石氏屢有漂木之異既云所在山積仍
復發徒采木其詐妄明矣

初八日晴

李搏霄來贈畫扇兩柄乃其夫人繆珊如所繪也天津知府鄒

振岳卒得廉生邯鄲道上書

夜眠不能成寐

初九日微雨

復安圃書並諭滄兒以復蔚廷書交士周

于州堂石影

初十日晴

智燭幾先

十一日晴

劉薌林來余在翰林屢論朝鮮君昏后謀臣下朋黨軍政不修終為日本所吞併而袁慰廷狃於花房竹添之役侈然自大於朝鮮則操之過蹙於日本則漠不加意心以為危以詢薌林薌林亦以日本甚貧不足慮之論余終不謂然語云知己知彼百戰百勝徒知日本之貧而不知中國之貧安能息更甚於日本也北洋將驕卒惰合肥老矣左右又無良佐徒恃一虛憍尚氣之袁慰庭以支吾朝鮮恐居薪火上自以為安耳吾謀不用尤頗

蓋言不驗則中國之福耳薌林既去為之太息者久

之所謂曲突徙薪無人領會也

十二日晴

紀愛來

豐潤張氏澗

十三日夜微雨

得滄兄書寄首塲文字平妥無出色處二三較佳

偶與潛兄論今科詩題託郝文忠有伊昔詩家杜少陵酷愛賦馬并賦鷹不知少陵不獨為鷹詩多並喜以馬鷹作對如此醉歌行天馬長鳴待駕馭秋鷹整翮當雲霄前又有醉歌行則云驊騮作駒已汗血鷙鳥舉翮連青雲送李校書云代北有豪鷹生子毛盡赤渥洼騏驥兒尤異是龍脊贈別賀蘭銛云老驥倦驤首蒼鷹愁易馴贈陳二補闕云皁鵰寒始急天馬老能行送鄭中丞云鵰鶚乘時去驊騮顧

豐潤張氏澗

主鳴觀岳西兵過赴關中云考馬夜知道蒼鷹飢著人簡王
明府云驥病思偏秣鷹秋苦怕籠簡高三十五云驊騮開道路
鷹隼出風塵寄劉峽州云放歸知赤驥按翅服蒼鷹凡十餘
聯各有佳處然究推杜複或少陵之性愛馬愛鷹信手拈
來不自覺耳 又贈韋左丞云老驥思千里飢鷹待一呼
令科第開頭有筆誤如姜嫄育契稷致建都統萬間為人所
詬病記江陰某雜誌陳陽公知貢舉出豐年有高廩云見大雅
為御史吳中復所彈罰金四斤乃知通人往往犯此不足為怪也 拾原
書乃主省試
余亦誤記

十四日陰

作書諭滄兒屬十八九叩謁

十五日晴

夜得九弟書七月十九日得一子以　生母生日得此書為名之曰慈佑

先弟六人今止兩房共得五子矣添丁之喜南面王不與易也

十六日晴

三朝北盟會編建炎四年五月岳飛與劉經合軍戍宜興岳領兵赴建康經欲殺其母妻而并其軍岳令姚政圖之遂殺經金陀粹編則以爲岳王夫人事云在宜興日先臣嘗從軍行在部下謀叛夫人得之不言一日會諸將于明堂坐發之捕斬叛者一軍肅然夫人李氏名娃字孝娥封秦國夫人晉封楚國按此則武穆夫人亦有才智矣夫人有五子二女長安娘夫高詠次即銀瓶也明錢士升南宋書誣夫人棄姑更嫁岳王不欲迎之謬甚孝宗以楚國夫人告敕云眷念前

朝既下生還之命志伸今日再加甄敘之封是嶺海言旋子

孫以仕門之人再興猶及見之世隨榜舉秀人親觀榜鼓而

李夫人不顯於表而畢之 大段由庭之紀聞摘敘

十七日晴

十八日晴 涼

陸眉五來復九弟書

于州堂石影…

十九日晴

復菁衫書

二十日晴

復聯仙蘅書

二十一日晴夜雨

豐潤張氏澗

于艸堂石影

二十二日陰

過晦若新談聞陳冠生去世冠生得大魁十年三世相繼委化

家業亦折閱殆盡真如曇花一現耳

二十三日晴

劉蘭谷來名盛芬省三之子直隸試用道

于州堂石影

二十四日晴

于艸堂石影

二十五日晴

巳刻滄粜田

二十六日晴

鄭廿回粤交以衣物賜壽單十歲慈佑滿月也紀嚴亦將回淮

復頌民書

二十六日晴

二十八日陰夜雨

寄都中書陳牧龔合來

二十九日晴　易棉衣

借梅若東塾集閱之菁臣及袁啟之來

蘭圃先生北辰解引春秋合誠圖北辰其星五在紫微中史記天官書索隱

引為最古最確之說又有長白山說以上駁台西蓋馬二縣為

大清發祥之地其說以漢書地理志之馬訾水今鴨綠江鹽難水今

佟家江鴨綠源出長白山漢志於邊塞之水源出塞外者必著

之馬訾不言出塞外則長白乃漢西蓋馬之山上駁台頫無攷以

水道鉤稽不在高句驪之北之西之南又不在西蓋馬之西之南必

在高句驪之東西蓋馬之東之北爲長白之北無疑也按馬訾

為鴨綠江頭鄰爲佟家江一統志云水東麓以水源不言塞外以西爲

蓋馬境内讀書得間工餘台必在長白山之北則太無證佐亦敢信

為必然

三十日晴

得伯平書

晉書任愷傳愷既失職乃縱酒耽樂極滋味以自奉養初何劭以公子

奢侈每食必盡四方珍饌愷乃踰之一食萬錢猶云無下箸處按

何曾傳廚膳滋味過于王者每燕見不食大官所設帝輒命取

其食蒸餅上不坼作十字不食〻日萬錢猶曰無下箸處劭傳

食必盡四方珍異一日之供以錢二萬為限時論以為大官御膳無以加之曾愷劭三傳略同曾一日萬錢劭一日二萬錢愷一食萬錢以再食為節惡愷奢於劭而非踰於劭且愷語遂與曾同未免複沓他如衛瓘之被害則曰初瓘家人炊飯墮地盡化為螺歲餘及禍在崇傳亦云崇家稻米飯在地經宿皆化為螺時人以為族滅之應稻米之粒在地者為蟻所食安能化而為螺粒小螺大不類陶侃傳劉宏謂侃曰吾昔為羊公參軍謂吾其後當居身處令相觀察必繼老夫矣應詹傳亦云宏請為長史謂之云君器識宏深後當代老子於荊南矣殆以宏為鎮南詹為後六軍鎮南與宏侃同鎮荊州相類故傳會之殊覺無謂

九月初一日晴

趙再翕燧冬叔姪來陳觀虞亦至

于卅堂石影

初二日晴
黄立庵辭行

初三日晴

得戴之書趙再翁辭行李仲僊放湖南鹽法道來見以子儁

讀鑑隨錄使看日記稿本交再翁攜至長沙交吳壯孫

閱何博士備論文似蘇長公故長公喜之其論漢武最佳論李

廣祖孫謂武帝用廣失之難用陵失之易亦近似其劣伯升而優

光武長仲達而短武侯則皆成敗論人之見讀書泥於句下不足與

言論也亦不足與之論史其論伯升謂當乘宛之威因世祖破尋邑之

勢勒兵誓師以僇新市平林之驕將而黜更始此說誠快伯升之失

在起兵時不即自立至新市平林已議立聖公則伯升雖以此數言當時

張郃拔劒而衆郃從之是伯井亦若無彊助非不欲棲議力不能也既之更始其罪未著及而相殘則勢且瓦解如破竹邑之勢是以制更始則光武阻伯井之變亦及旆征之耳何馳詔諭為至謂五丈原之役武侯千里負糧飽師十萬而求戰者十旬仲達提秦雍之勁卒以不應而老其師亦無蹄姿失仲達之策武侯必西上五丈原者聊以安衆心也豈真有制敵之算哉卒而武侯星隕謚曰解嚴否則幸未可知不敢窮追懿武侯誘之入伏並亦謀之候不暇之故生仲達之智足出死諸葛下乃沉在將睡所長一語反以貴楊司馬而以諸葛為墮其術中真書生之目論也夫

初四日晴

答仲儀寄都門書

閱邸抄周福清之家人以萬元券賄關節為御史所劾革職逮案審辦周與正考官殷如璋辛未同年周紹興人也浙江科場弊竇已深非澈底根究不能摧陷廓清如周者尚是笨伯耳周以庶常改官江西為沈文肅所劾引見捐中書後以此敗可歎也

初五晴

張子苑來時甫欽修墓崔琴友田南至

初六日晴
陳庶常樹屏來見字介庵望江人壬辰進士合肥延課子孫 李惟庭杜恕垣自杭州來得式如書佶一庵書自四本並至
張暢傳宋書兩見已為校刊諸臣所糾更以南史證之小有同異無所增損其敘與李孝伯問答事即今之譯署問答也如宋書云孝伯遥曰長史深相敬愛相去步武恨不執手暢因復謂曰善將愛護冀蕩定有期相見無遠君若得還宋朝今為相識之始孝伯曰待此未期魏書李孝伯傳則曰今當先至建業以待君耳恐爾日君與二王面縛請罪不暇為容如南史及宋書所

敘不應孝伯頓亦辭窮如魏書所云亦不應張暢頓亦跌宕似此任意抑揚何關使令乃彼此鋪敘累累千餘言殊為浪費筆墨孝伯自此進爵宣城公尤為可惜李延壽於南北史敘暢則曰隨宜應答吐屬如流音韻詳雅風儀華潤孝伯及左右人並相視歎息敘孝伯則曰孝伯風容閑雅應答如流暢及左右甚相嗟歎兩傳則問答互有詳略殊不閒悉何如盡敘於一傳中而以互相嗟歎括之乎此於史筆殊少剪裁也大約八書及南北史此類之詞甚多恨不刪其複重以歸畫一庶不以辭累耳

初七日晴

仲儒琴友蕢臣輶香同來久坐晚李杜以書帖來售共五佳本

初八日午後疾雷風雹

晦若蓉氏泊述雜坐

初九日晴

初十日晴

十一日晴

晦若屢來以候臚傳紅錄也此君於科名事極所垂意每屆必是

于艸堂石影

十二日晴 後鈔落卷第十五房評詞旨惰深前路略有滯詞沈有作意惜於下〻筆太略下注一備字房官劉海、戴鴻慈少懷

閱錄竟滄光下第仲儀琴友均来(琴友)南田寄子涵書

十三日晴

電朱式如詢書甄貴自浙來得式如一函求金甚急

都中盛行國朝畫家四王吳惲吳畫罕見偶得墨井詩抄

兩卷前有錢蒙叟序末謂漁山乃明都御史文恪公訥之七世孫

聞詩於牧齋問畫於煙客棄家浮海至西洋經數萬里歸而

隱於上海或往來嘉定畫益奇逸年八十四尚存傳節張樸邨小鷗跋

漁語云漁山老年好用西法作畫其後竟從西教徐紫珊跋漁山像

邑之大南門天主堂有碑云天學修士漁山吳公之墓兩邊小書云公諱

歷聖名西滿康熙二十一年入耶穌會二十七年登鐸德行教上海

嘉定五十七年在上海卒于聖瑪第亞瞻禮日壽八十有七吳漁山入彼教確有明徵也余嘗見日本畫法殊知陳老蓮之衣紋石皺多取資於東洋木料墨井之法又竊取於西洋也夫兼收並蓄前六法別開生面原無不可乃以物外之高人竟蹈泰西之邪教吳生吳生竟不能以畫工論矣惜哉

十四日晴

送仲儒燧冬行 若農後滄光文所以勗藉之者甚至

十五日晴

戴道來午刻為滄光定課程夜樂山舊弁陸宣函詢樂山家事

為之愴懷竟夕

十六日晴

舊唐書李宓率兵擊蠻於西洱河糧盡軍旋馬足陷
橋為閣羅鳳所擒新唐書同通鑑係之天寶十三載然合璧
道華四別高適集中有李宓南征蠻一篇序云天寶十一
載有詔伐西南夷右相楊公兼節制之寄乃奏前雲
南太守李宓涉海自交趾擊之往復數万里十二載四月
至于長安君子是以知廟堂使能而李公效節以證宓跡正
長安未嘗敗死其年又非十三載也余叢洪說甚泥高詩明

云前雲南太守李宓以十一載〻後再通鑑所云劍南節度使鮮于仲通討南詔國忠掩敗為功是也宓涉海自交阯為奇兵故史從其略及至長安敘功十三載復討南詔以宓為帥故鑑書劍南留後李宓蓋宓以十一載立功十三載敗績以前從史略〻如繪奈何合為一事乎其詩云歸食據田鼠晡餐盡蟣偏洪云味詩中從師北伐勝錄第高止敘其懸師深入〻艱非謂其糧盡援絕下云收兵列亭候拓地彌西東勝蹤旺在宓狃於蒲騷狀以誘入小利縱以深入大挫耳

十七日晴

以元押張字寄九弟復載之書為潛光定課程諭令校水經注潛

令抄文獻通考

陳眉公晚香堂小品無甚可取惟論淵明有深入處其意謂陶公命子篇曰夙興夜寐願爾之才亦已不才亦已焉哉其責子篇曰雖有五男兒總不好紙筆天運苟如此且進杯中物蓋先生不仕宋即諸子皆不欲其仕宋故作詩自汙以晦其才之則必以陶氏門地被害矣此其心也善乎莊生曰以不才終其天年此之意讀陶者均未見及杜陵以不達譏之更被靖節瞞過矣

十八日晴

李贊臣來復呂子莊書

閱爾雅新義江鄭堂漢學師承記稱余古農撰注雅別鈔專攻是書及蔡卞毛詩名物解等書就正於惠松崖松崖以為不足難余謂農師此書附會穿鑿和閔之未有不失致者然其於蟲魚草木皆含偏旁以本字釋之可以悟六書假借之理蓋草木蟲魚皆後人加其偏旁孳乳之字其原名即為本字從何字得聲即從何字得義決非漫然釋名尋以諧聲為解形義專以本字為解名因一義固可節取以為訂正故書之助

十九日晴

寄子涵一紙過晦若晚談

二十日晴

遣王福偕李怡庭至浙取書

二十日陰

杜心垣來以舊拓八關齋來售索價甚昂還之寄都門青附吳之一函

二十二日 晴

得鶴巢書

四朝聞見錄考亭先生太常初謚文正下集云初謚文忠考功劉彌正覆謚謂先生當繼唐韓文公又嘗著韓文考異一書宜特謚曰文且謂本朝前輩僅後王安石雖謚曰文文乎文乎豈是之謂乎晉從之自後議諸賢謚周元公以下如程正公呂成公之類均用字案字切在四書諸經可以為文如以韓文考異之故而謚恐綸翁之說未確且文正文忠何處不如一字之文亦不可解也姑記之以資攷證

二十三日晴

韓芝舟孝廉來談縛子涵書

二十四日晴

黃花農來借翰香所藏齊民要術校本

閱春渚紀聞其論琴云余謂古斲之存於世者唯琴音中時有一二

不惡其世之樸拙使人援弦促軫想見太古自然之妙蓋以為

滕近日百罷惟新惟琴罷略無華飾以蒙古蛇腹紋為奇至有縫張弛拆而聲不散者亦不加完獨此有三代遺製云又云蔡中郎琴賦左手抑揚右徘徊指掌反覆抑按藏摧嵇叔夜亦云徘徊顧慕擁鬱抑按盤桓毓養從容祕玩人知藏摧毓養四字之妙頗試手調絃足滕常人十年工用勤親好琴近以幽憂久不彈矣書此貽之俾知琴之妙趣

褚彥回聚袁粲舍援琴奏別鵠之曲王彧謝莊并在坐撫節而歎曰以無累之神合有道之器彥回何足以當之然以琴為有道之器自是佳語

二十五日晴

復子涵書荅邸寄草錦吟並序跋題詞余集唐十六首僅存十首其六首因涉牢騷刪之蓋敬慎不敢之意也李搏曾來言陳冠生身後可閔

二十六日晴

過晦若

於崖日記列子明於易有一則與乾鑿度同仲尼篇顏回曰吾昔聞之夫子曰樂天知命故不憂此繫辭爲孔子作之明文也歐陽公謂十翼非夫子作失之佩綸案惠說是也余嘗謂顏子冠四科之首不當學無所傳韓子顯學有顏氏之儒定是顏子門人其學著於論語曰約我以禮又曰非禮勿言非禮勿視非禮勿聽非禮勿動則所授受於聖門者在禮繫辭又曰顏氏之子其庶幾乎則禮之外又傳易觀莊子所述聖門弟子顏淵之問最多皆與易理相發明不應

蓋寓言蓋莊列之派，承顏子學術之緒餘，其流入於道家，故
不得不精求其真而抑其精微奧妙，以上窺孔子傳顏之秘，知性
與天道，顏固可得而聞，亦足以發者。余讀莊十篇，中詳演其義，足與
程崔之說相發明，彩章讀者得間，豈契惠氏矣

二十七日晴

得子涵書。韓芝舟鄭進士輔東來

廿八日晴

黃臣來過晦若復子涵書

二十九日晴

賁臣及鄭觀侯来

閱郁離子四庫入雜家存目原十卷今止二卷四庫所存有天台徐一夔序此本乃章氏重刻本無徐序而有吳從善序本附載青田集中蓋基初仕元不得志棄官入山時作其書殊少精義大氐扶國策之唾餘而傳以六朝之浮藻幸而際遇明祖聲名日盛而此書今尚留傳儻不幸而死則其人槁首黃壤書亦覆瓿而已其中有極可笑者曰趙人患鼠乞貓于中山貓善捕鼠及雞月餘鼠盡而雞亦盡子告其父盍去諸其父曰吾之患在鼠不在無雞夫有鼠則竊食毀衣穿垣墉傷毀用不病於無雞乎吾將飢寒焉無雞者弗食雞而已去飢寒猶遠此以喻以時防敵雖貪亦可用耳並不思將之貪至於虐取其

民人措克其士卒食雞過能其勢且不暇捕鼠矣去猫之計固疎孰如更求良猫之專捕鼠而不食雞者乎奚青田有感於明之菹醢功臣為此矯枉過正之說非作於元時否則無恥義也

十月初一日晴有風

陳伯平來

近日好用一代偉人四字魏志鍾繇傳時司徒華歆司空王朗並先世名臣文帝罷朝謂左右曰此三公者一代之偉人也語本諸此晉書燕載記韓恆傳後與李產績傳東宮從太子入朝儁顧謂左右曰此二傅一代偉人未易繼也前則篡朝之元老後則偏霸之師臣沿襲殊為無謂至禿髮傉檀喪國積聲殊無足取而姚興遣使觀釁其尚書郎韋宗因傉檀機文無窮辭致清辯

六歎日車騎神機秀發信一代之偉人則尤謬／晉史不加刊削

殆失之誣

初二日晴大風

仲彭睞午後翰香來

何義門集道光間錦崇吳雲翁大年輯刻中有家書云闇百詩先

生扶病赴四府之招加以炎暑於初九日謝世東南讀書人又弱一個

惜哉 個當作个原本如此 竹垞先生近何如渠所緝明詩綜前偶見五六卷

費日力於此殊不可曉詩之去取賞於無目高季迪名價郁要

幾社諸妥錢論定即此已笑破人口其詩話並看即將列衆小傳

中語詩綜改換據為己有者甚矣其寡識而多事也二十年來所激愛之人一見此書不禁興盡封面再得渠親寫八分書便是二絕矣（書名先是隸求胡是鮮者楊文在之流每卷刻一州同同堂又在茂論之下）

提要謂錢謙益列朝詩集以記醜言偽之才濟以黨同伐異之見逞其恩怨顛倒是非黑白混淆無復公論彝尊乃編集此書以糾其謬不橫牽他事巧肆譏彈所評品頗持平於於提移愛之談多所匡正是竹垞之選明詩正與蒙叟之異而義門謂是詩綜剽列朝詩集據為己有此必有憾於竹垞而為此言不亦文人相輕也特不知義門選時文費目力於此又何益耳

初三日晴

伯平來談泰生自河工回孫小雲及族弟佐軒佩絲來得慕韓書

陔餘叢考引王充論衡云左氏傳經詞語尚略故復選錄國語之詞以實之啖助謂國語非一人所為蓋左氏集諸國史以釋春秋後人便傅著邱明也雲松主其說以為左之采國語仙人之脫胎換骨也史記采取國語左傳則天吳紫鳳顛倒裋褐也余謂不然史記采左氏乃刪節之其不同則左氏本古文子長與子駿釋文因異耳左氏當日所據書不止國語悉以互有詳略凡一切典禮語言決非任意增損者

初四日陰頗寒

以豐佐先後來寄都中書晚過晦若

陔餘叢攷云新書李泌傳德宗謂泌曰人言盧杞是姦邪朕殊不知泌曰此乃杞之所以為姦邪也舊書杞及李勉傳則俱以此語為勉之言而泌傳不載通鑑綱目與新書同舊書應誤余按新書及通鑑均取諸鄴侯家傳似不得與舊書爭審也時杞由新州除澧州刺史袁高以杞奸邪貽朱泚責按德宗與勉論及勉所對共指以是見疏由此推知敵事而李繁掠美諱善有以見家傳之不能核實宋子京司馬君實均過信而采之誤矣

初五日晴

劉仲儀來龔孝廉以至宗湘文寄抄本孫兩人弟子職注與前慕韓所寄共兩本均抄自仁和丁氏也作書復之載之亦有書至

顧千里集為刊者刪去學制備忘記與段氏駁辯諸篇余深恨之其與阮雲臺書力謂近人痛斥王子雍而不能言其所以然又讀說文及復有年見許氏自有義例具在本書後來治說者馳騖於分肆遂相矜炫非徒使許氏之指汎濫無他其上者牽合附會意改刊本以洋詞獨於真解就本書之義例疏通而證明之惜潤蘭總未平心以求其言則確有所得本非漢學家皆文之節之未能就書訓會貫通於深中其病

初六日晴

伯平來話回大名

伯平好填詞余未嫻詞律每不深談而伯平強之因詢以所作何家

以竹垞樊榭對曰來每以醉蟹下酒余因舉樊榭張龍威送醉

蟹詞云無復爬沙樣風味付廚娘纖手紅排劈脊鋪筐筐合糟邱

葬春雨瀟瀟夜窗背燈情況畫眉人自分將身是糟邱一面說

醉蟹耳餘亦蟹之惶詞泥樊榭又有酒蟹詩草泥纔出水沙

邊田不共茶鐺煮翠浪漁舍西風成昨夢醉鄉清味破中堅

穴苗阜莢看燈夜餅作黃花小雪天可惜老饕情思淺將將

一種為君傳語意亦不切辭雖以摸擬之體物類並且未盡巧合
詠物詞亦甚難矣其詞與竹垞殊未能頡頏也
伯時又云於宋不喜姜張喜吳夢窗吳文英詞稿汲古無刻之沈義甫云
夢窗深得清真之妙其失在太晦張叔夏亦謂其如七寶樓臺拆碎不
成片段沈伯時樂府指迷稱吾夢窗論作詞之法然後知詞難于詩蓋
音律欲其協不協則成長短之詩下字欲其雅不雅則近纏令之體
用字不可太露露則直突而無深長之味發意不可太高高則狂怪
而失柔婉之意此誠詞家秘旨然詩亦豈有不協不雅直突狂怪以
為工者詞究詩餘有工詩而不工詞者未有不工詩而能工詞者也

初七日晴

植軒辭行午後送伯平夜過容氏閱江廠走占仍未合龍

初八日晴

花農泰壽均來午後陳介庵以所書散館卷過余略談而去港

魯軒由四來津晚得九弟書

潛邱劄記言古者不分銀錫而銀皆稱錫衛風如金如錫金為黃金則錫非銀乎考工記攻金之工皆曰金錫金即銅錫即銀也故曰金與分錫居多以為斧斤戟刃之屬㮚氏為量首金錫聲中黃鐘之宮似如以今之錫豈可摻和作斧斤戟刃而量能聲中宮乎況今之

錫與銅亦不可精和以冶也史平準書漢食貨志皆稱銀錫武漢造銀
錫為白金其稱猶為近古也越絕書赤堇之山破而出錫若耶之
谷涸而出銅歐冶用以為純鈎之劍尤可證鑄兵用銅蓋必兼以
銀乃浮利也余按百詩先說殊誤攷工記攻金之工築氏執下齊冶氏執
上齊鳧氏為聲㮚氏為量段氏為鎛器桃氏為刃金有六齊六分其
金而錫居一謂之鐘鼎之齊五分其金而錫居一謂之斧斤之齊四
分其金而錫居一謂之戈戟之齊參分其金而錫居一謂之大刃之
齊五分其金而錫居二謂之削殺矢之齊金錫半謂之鑒燧之齊
㮚氏鄭注量當與鐘鼎同是亦六分其金而錫居一者鳧氏聲乃金聲非

錫聲也說文銀白金鉛青金銅赤金鐵黑金三以黃為之長而銀鉛銅鐵皆附以金該之錫則銀鉛之間故詩及攷工記均以金錫並言不得謂錫中無銀正不必謂錫即指銀也

初九日晴

馬弁振芳自宜昌回李怡庭及王福亦報十日由杭起程

初十日晴

至海防公所晚過晦若一談寄王廉生許鶴巢書

十一日晴

延劉仲儀秀才課讀到館李貢臣洪翰香作陪

十二日陰
午後佟蓮来 范肎堂過談 獲載之書
閱浮沚集永嘉周行己撰提要稱其早從伊川游傳其緒論陳振孫
稱為永嘉學問所從出其學雖從程氏而與曾鞏黃庭堅晁說之秦
觀李之儀右與諸人皆相倡和集中寄魯直學士一首稱當今詩
伯眉陽蘇新詞的皪無明珠于蘇軾亦極傾倒絕不立洛蜀門戶
之見觀集中有壽時相之首云皇天祐德必生賢尊主功高五帝
前嶽育昴精來間氣彭聃壽考齊年遠無憂患身先退
近有湖山樂更全祇恐蒼生須試傅每閒人誦袞衣篇每閒人

補袞衣黼文值君臣慶會年 賜雪已先調鼎實春風還逆

作霖天經綸道自心源出損益時隨世變遷當宁旰宵懷舊

德非公誰與治商川非公誰與濟商川年德俱隆文武全省

年省一民自定兵足食務當先宜鮮恥治惟無擾實範

期安在不偏公壽及千歲且万四方永〻樂堯年其詩中相臣

羅退玩省以省事及宜鮮無擾決為元祐中宰相以為範

患宜則文武兼資似為近之並亦未及其能調事豈作於患

宦未能〻先耶其賢如患宦耶何必名為時相乎當細玩之

也

十三日晴晚陰

答陳介庵晚仲儀來談黃泰生以先集乞序夜閱數冊

近日讀書每苦愛博不專雖手不釋卷而掩卷輒忘因憶朱子有
言昔陳烈先生苦無記性一日讀孟子學問之道無他求其放心而已
矣忽悟曰我心不曾收得如何記得書遂閉門靜坐不讀書百餘日
以收放心却去讀書遂一覽無遺始知為學不可不先治心也又云
讀書無疑者須教有疑有疑者却要無疑到這裏方是長進
以此二說參之東坡八面受敵法須以專靜反復求之庶不至虛擲
光陰耳

十四日陰微雨夜雨止作霰大風

過晦若略話閱子壽文集竟

十五日晴

花農來吳菌暮蘇田舅東

朱子頗疑古文尚書故閻氏以下攻古文者均援朱子為證西河院為古文冤詞即不能不詆及朱子並朱子疑之未嘗攻之如人心道心之別屬有關答未嘗以為偽也而今文中亦頗有可疑者如康誥外事與肆汝小子封等處則曰今文多錯疑君子所甚無逆來未解所字為屋字則曰某某則不敢如此說蓋嘗自言尚書未能通數處微故

與春秋皆未有論著然已見賢者心虛處然偶有一二乃極通達如鮮金曰從革從者從所鍛剖革者又可革而之他故與曲直稼穡皆成雙字炎上者上字當作上聲潤下者下字當作去聲亦正意達以從革為從橫以篆文黃字與革近也並實從朱子此說怪為從橫雙字 康誥天畏棐忱蔡曰天難諶引顏注漢書云棐古匪字通用孔傳訓作輔字殊無義理又云寧又于民棐彝乃是率治於民非常之事是也蔡傳不從何歟乃闢訛古文則以朱子謂古文可曉今文不可曉為之始而西河又以宋子疑古文為非皆非能通貫朱子全集而執單詞以為口實耳

于州堂石影

十六日陰

晦若來時同 慈壽外史及鹽商捐輸敘官首三萬商八萬也元公子祠寄畢公摺件亦撰行述

閱吳禮部集有題牟成父鄧平仲小傳敘大略為吳曦之誅實楊巨源李好義華義之功而安丙輩媢忌擠沒李心傳朝野雜記亦略於巨源近有續陳均宋編年者頗載巨源事而復以擅殺孫忠銳之罪疑之惟俞文豹吹劍錄具載巨源本末併所撰誥書及丙與彭輅謀奪巨源兵令樊世顯殺之大安城下又言其妻子流離困

甚狀使人憤惋平仲之志壯矣使年君不託世宋必知之也今
吹劍錄抄本載臣源甚略賴宋史略采之而鄭平仲事
年傳不可考矣以禮部之疏何但詳臣源而轉不略
米平仲之事贊乎李好義亦逆毒死禮部載其詞
有云逆黨郊封侯又云廳上一員閑搖蒲門前萬個
發燈隸內殆快之不還渠恐安丙之作安院揚功鄉
得佳傳而楊李事蹟亦記所載均有專書惜今
皆散佚矣惜哉

十七日晴

仲彭來談得安圃書陸蔚廷寄史館子雋傳稿來十五年
而始成可慨也甯堂陪吳摯甫過我適晡時謝之
禮部有跋司馬丞相人物記一篇云文正人物記其間書元
祐元年或書丙寅正以為相時也蓋因其所見所接
者記之而時疏其才行賢否於下而所記如蔡京卞曾
布輩亦未知何以處之禮部既獲見真迹如京卞布
之人之下所注為賢為否殊不詳言闕甚矣文正以差役一
事深賞蔡京謀不以為無才余嘗謂司馬入相已是暮
氣幸而即死否則舉錯必有大非物望者非苛論也

又跋宋成文濟邸事略據方回所跋寶慶錄謂彌遠既
訪求得理宗楊后欲見其人因策士日令理宗入內廷后
于簾中審視之計遂定宋則謂寧宗崩彌遠夜召理
宗使楊谷楊石白后后持不可七往返以危言劫之乃
從與方所記異以事揆之方記當是今宋史於楊后傳
全采宋說而鎮王竑傳直謂彌遠之立理宗始終藉鄭
清之傳語事前初無相見者恐權奸布算亦必不如是之
疏忽也清之自附姦類宋昭能發其隱而曲為庇諱
不知楊史當日蹤迹甚詭密矣

于艸堂石影

十八日晴

復安圃第九書 文都寓

永嘉之學如葉水心乃一大宗其議論斷斷焉與朱陸相抗者

鼎足其言務為新異尤背謬者則為不滿曾子一貫之傳

古今無聞焉水心以為忠以盡己恕以盡人雖曰內外合一而自古

聖人經緯天地之妙用固不止於是子貢能分截文章性命自

絕于其大者而不敢近孔子丁寧告之使決知此道雖未嘗離學

而不在于學其所以識之者一以貫之而已是為子言之易曉反不若

子貢之難曉至于退言之學但今大若子一貫之說而子貢之

所問者殆置而不言此又子貢之所不能測也至謂一貫之指同子貢而廢明同曾子而大迷夫子不嘗答子貢一貫終身之問曰其恕乎以一恕字豈以終身安的謂忠恕非體用兼備之學哉至曾子有疾孟敬子問之一章時以曾子親侍孔子之道死且傳之于人原屬過當而收心以為君子所貴乎道者三而籩豆之事則有司存等乃所貴忽其所賤又害一貫之旨不合後世以曾子為能傳而争以為不能夫曾子之遺言大戴十篇及散見於論語大學及禮記者不少乃獨執此節以為曾子之道非孔子之道且日以曾子問禮及雜記諸禮與儀禮救之

益知其所謂籩豆之事則有司存者蓋君子之所厭而不講
者也雖其籩豆數也數所以出義也孔子與其徒未嘗不習禮
雖逆旅茇舍不忘貴而為一孔子之所守也孰精略麤自宋失
本皆其所推也抑若君子生平恨有此語竟坐實君子為
棄禮者不知禮有本有文容貌顏色辭氣籩豆皆禮之文也
動正出則必有其本矣其人既近信而遠於暴慢鄙倍已得
乎禮之本則籩豆之事自有司存固不必下親其事衛靈
問陳子曰俎豆之事則嘗聞之矣軍旅之事未之聞也君子豈
不知孔子之習禮者而故及其說以告敬子哉孔子嘗曰我戰

則竟又称靈公以王者貴治軍旅為何人而告靈公則以軍旅未學為言不欲張其好戰之心也曾子生平問禮最詳而告敬子則以籩豆司存為言不欲啟其逐末之心也且孔子之嘗告懿子以禮矣而三家僭禮如故孔子於此為之詳陳度數則雍徹奚取於三家亦自有難於盡言者使之先生其甚悅節儀之繁則返而考之儀數節目之間亦當憬然自得所謂歸而求之有餘師也求心學從經制入一偏也此可謂不善讀書

十九日晴

仲儀來話秦生亦至晚允言同送其婦來津母〻晚飯即去據云襄通肥瘠過瘦均可慮也

魏文靖答人書云多看先儒解說不如一〻從聖經看來蓋不到地頭親自涉歷一番終是見得不真來書乃謂只須祖述朱文公文公諸書讀之久矣正緣不欲於賣花擔上看桃李須樹頭枝底方見得活精神也佩綸案鶴山此說甚壯非獨宋學不宜泥於朱子即漢學亦不宜泥於許鄭也凡治經莫妙於以經證經較之專用力於注疏者自有卓見又莫妙於即本經反覆尋味自然得其脈絡之所在較之專析衷於眾說者皆有真知

不獨此也為文而專主一家制行而依傍門戶皆為無本無本而欲其卓然自立久亦終於無成故士君子自弱冠以後當以立志為始無一事不溯根探源擇善而從博觀約取凡事自立門面而不可專守一先生之說以自畫今作古文者劉蘇相誡而不知上溯秦漢談漢學者涉獵說文而不知上溯羣經講宋學者發於絕響即有之亦不過摭拾語錄而不知內治身心講西學者左道旁門實亦採一二譯出之書人云亦云為趨時捷徑而二三大人先生儌儌焉舉國從之而究未嘗窮西學之所由來良可慨也鶴山之謂窮達以之其並有毅然獨立氣象

二十日晴

遣晦若午後李怡庭及王福取書回共一百八十五箱書百八十二箱三箱雜帖無佳者

二十一日陰

得勞玉初書丁季年辭奎宅館作一函寄孟虞

二十二日晴

贊臣翰香同來

閱宋本陸士龍集乃項墨林季滄葦舊藏前無序目蓋已採挩宋諱構字闕筆則南宋本矣士龍詩文校士衡稍弱人品則勝其兄其與兄書云二祖頌甚為高偉雲作雖時有一佳

語見先生文穀成貧儉家而其規士衡處則亦難其才多者焉可云謀日甘苦矣其論蔡伯喈云葉獻有蔡氏文罕餘卷小者亦七八葉大者數十葉文章亦足為多并其所貴者設後是常所文耳（所下應刪一字而宋本連刻板亦未精）文云蔡氏所長惟銘頌耳銘之善者亦只數篇其餘平平耳免詩賦目為絕域不當精為比校既目伯喈祖述而徵作一頌又欲以之所以頌比蔡氏是其以摹手追乃在中郎雅議之實察卿之也千秋定論豈附鄺鴻陸附成都同一披猖文人未敢拘被無識之嗟亦可惜矣

二十三日晴

肯堂來，因其戚熊錦孫館事。名道鑫，江西廩生。

二十四日晴

過仲儀略談。

二十五日晴

呂庭芷前輩來、盛杏孫、又卸關道赴南，黃花農代理。張宜閣孝廉來見。名燦文，閣津生徒。

閱蔡虛齋集。清。有岳飛班師論，大意以將在外君命有所不受，公素好左氏，何不執為利社稷專之之例，而以不得擅留一

語自誤託有人駁之謂諸軍已撤万一失利進退皆非自以
駁者為老成之見盧齋則憤激之詞也又有皋陶執瞽
瞍疑一篇大旨謂舜為天子其父必無殺人之事其說甚
正孟子此節極之言執法不當避權貴不知舜為天子瞽
瞍亦底豫舜斷不致釀成其父殺人之獄如周世宗之父
守禮也盧齋之學初主於靜既又主於虛 林俊見汪西泰序
督學時與林見素並為當唐人所嫉引去遂隱于致
起祭酒而盧齋已殁矣集凡五卷余與宗熊細讀姑摘
其略於此

二十六日晴夜大霧

伯潛寄福州泰生来新孝廉陶喆甡字仲明高淩雯字叔彤来見閩津生徒復伯潛書

買得大瓢偶筆抄本李後主云後世李家可得右軍之一體虞得其美韻而失其俊邁歐陽得其力而失其溫秀褚得其意而失其變化薛稷得其清而失于窘拘顏得其筋而失于麤魯柳得其骨而失于生獷徐浩得其肉而失于俗李邕得其氣而失于體格張旭得其法而失於狂獨獻之俱得而失于驚急無蘊藉態度此評識有根據但歐甚秀褚

豐潤張氏澗

變化而張之可取周改其語曰假得其力而失其變化猶得其巧而失其拙張得其變化而失其收斂未知有識者以予言為何如也邵二雲能書姑識之以資考證

二十七日晴

過晦若略話

二十八日晴

以孫敬軒先生希旦禮記集解授仲兒孫約鄭孔及衛集說而閒下己意甚便初學江廉合龍張叔傳吳贊臣同觀蔡伯來

閱鄱陽集十二卷宋彭汝礪撰乃彭文勤家藏寫本文勤

跋云鄱陽先生集晁陳兩家不著錄焉考上無之宋史本傳著易義詩義詩文集凡五十卷此本標文集僅詩十二卷非足本也近嘉慶曹氏輯宋百家詩存所選鄱陽集無出此外者浙江遺書目錄亦寫本十二卷，或流傳祇此今饒州諸宗皆祖先生不審有無家藏本它日當訪之無則當勸鐫之乾隆癸卯臘九日記四庫所藏六十七卷本所云古律複得之病文勤均之更正移下闕有校注罷資立朝侃直風節懍然神宗命中人王中正與李憲主西師汝礪極言在廷歎服因論呂嘉問事與蔡確異趣及確為吳處厚所誣又力爭得罪人以此益賢之東坡作六祖贊稱與範資往還集中亦多與僧往還之作偈耽禪悅亦北宋文人習氣不足為範資病也惟其弟治霖竟附曾布元祐之禍再興治霖請拔紹聖叢籍不必復指名彈擊於是司馬溫公以下復行貶削此則小人之尤殊足為賢兄玷耳芳弟治芳殉方臘之難史云治霖字巖老治芳字宜老集中有寄君時君宜弟詩疑即其人又有寄非宜弟詩云池外牆頭花影在會應留著待君歸其友于之誼亦甚篤也

二十九日晴

秦生來談爲余審定藏帖午後無事寫正孺書

豐潤張氏澗

三十日晴

十一月初一日晴

楫舟回得廉生復書言宋槧之書以周禮晉書及兩漢會要為最蔡夢弼史記次之其餘則在唐宋元明鈔本各集

初三日晴

晚過晦若

十駕齋養新錄云舊晉書無劉伶畢卓傳新書始增之劉遺民曾續皆于檀氏春秋有傳今晉書無其名按文選四十七劉伯倫注引臧榮緒晉書曰劉伶字伯倫沛國人也志氣曠放以宇宙為狹著酒德頌為建威將軍卒以壽終是臧書有伶傳不知竹汀之說何據新晉可議處不少劉知幾所謂以干鄧所糞除王虞所糠粃持為從史用補前傳者誠為塵黷在今日則正苦其漏略不嫌其蕪雜矣

初二日晴

仲儀診余脈據云病在中焦黃秦生來翊楚寶扇改書

蔭牧拓北齊蘭陵武王及高翻孝宣公碑

初四日晴

孫大及佑先來午後嚴範孫自都乞假過談李怡庭至晚飯話去

青之詩

閱歸田類稿元張養浩撰四庫輯大典及明本得雜文賦詩五百八十四首輯為二十四卷此本則二十八卷後附文忠碑銘像贊按此本多一卷乃朱竹垞先生藏本寫手古抄其中斷裂殘闕無依原本殘從元刻影抄者所據本自非初印殘明中葉抄本也蘇天爵輯元文類僅錄養浩文二篇明葉盛水東日記

題以告戴諫燈山疏為議邀洋得其五友開首墓志載之皇華紀聞此本則俱有之殆輯大典時所據即是本歟惜不得四庫本互校之也末畫像乃泰定初元謝奉明后時所畫鄱陽劉廷贊云立朝之貴明居之跡懷乎高風千載一日虞道園有挽希孟詩云十年七勝不還朝起為錢氏夜驚鞀萇樹百年誰忍伐生芻一束不能將西州華屋交游少北海清尊之意氣銷杜宇南冠士傳哀聲山影晚蕭蕭可以想其生平矣郯陶詩錄不得見集中詩括清蒼卓然一作手也 復檢周永年刊本二十卷本附元事史告雜從四庫本而廿四卷刪併之迹不具校以本互補

初五日晴

有蒙古官蘇達納睦求見因合肥以請見之乃喀拉沁旗世襲四品塔布囊烏梁海氏時從其王來津據云嘗從穆圖善因編游琿春一帶見俄強中弱岌岌可危並言四十八盟之弱深慮為俄所并　蘇字子愚其妻並師被人　湯伯述來談辭保甲局撫吾友道之灝頃欣賑飢民以為識別李守田為耕弱難與共事耳午後合佐光祿大四李松庭及寄觀閣來至館與仲儀語知其兄文麟以事為府縣所窘晚過晦若及容民

初六日晴

于忭堂石影

英蕢臣來談夜患咳容民過話久坐

初七日晴

咳未止命僕輩檢理書籍聊以自娛晚李怡庭來夜范肯堂以近作一冊見示仲彭來館雜談

初八日晴

怡庭回都寄復蔚廷廉生兩書均交之咳止仲館來齋中少坐貽戴文節以所一冊秦生來以元秘塔與潛兒

初九日晴

復朱亮生勞玉初書午後伯述來議志事

初十日晴

花農來，此心擾擾不靜，微有衰意。黄氏過談。寄劉獻夫書。

閱宋劉習之學箕方是閒居士小稿。習之崇安人，劉韐之曾孫，子翬之孫，劉玶王子也。方是閒乃其堂名。閒居不仕，自號種春子。四庫著錄者乃黄元釗本，此則屏山書院復刻本也。劉淮、趙蕃兩序已失去，惟存趙必㦃及習之目記與其明人游柳菴跋。誤柳（四庫作栁）。提要謂劉淮稱其詩摩后山之壘，詞相稼軒之肩。詞如和稼軒金縷曲，忠孝之氣奕奕努上，置之稼軒集中不能辨。詩則稍快稍麤，與其山又別一格。余不解詞，其詩譏有快麤之弊，殆於斯事不深，獨愛

其東也莊監科六言首寫云讀書不執箋注法生莫用虐財詩
吟一首兩首酒飲三杯五杯備並自足吾方以讀書徵虐財者自
明之視之所之箋注殆名持籌握算同恐不禁屢並檢卷
笑 此本為李滄葦故物並有楊李項諸藏印之章 十二日復檢同票 元抄本補全劉趙之序

十一日晴午後陰有雪意而未成
李搏霄米將以阜異入都引見潘江代理寄九弟書心跳之病亦瘉漸
能讀書矣
閱馮少墟先生集先生云有經世之學有出位之學有闇修之學
有私己之學以出位為經世以私己為闇修此學者大病然有經世

之學而無出仕之學便是閒修而非以不講為閒修有閒修之學而無移己之學便是經世而非謂講經世之學者盡皆出仕將相之人佩倫撫仲將此說尤煩約之從曰閒修經世之學而已宋之末流心性章句能如縣形而於世務茫然不知此不能為經世之學亦不能閒修者也閒修之學經史子集皆是經世之具修也而已不必聚徒而講明講明之亦不過二三口知足以入道者足矣講明涉奇則不移己己出仕矣舉以為与出仕不如移己也近日之病則又患世太不講學安於孤陋者既不知所謂閒修習於貴倨者又不知所謂經世矣

十二日晴

仲儀過齋中復診止藥

閱說學齋稿有浸銅要略序一篇其略云德興張理以國家方更錢幣之法獻其先世浸銅要略于朝宰相以其書之有益經費為復置興利場至正十二年二月授理為場官使董其事未幾時三司度支判官許申能以藥化鐵成銅久之工人厭苦之而罷[illegible]於紹聖間其說將備蓋元祐元年盛之言取膽泉浸鐵取鑛為銅其泉三十有二有五日一浸洗者有七日一浸洗者有十日一浸洗者政和五年雨多泉

謚所洗浸為最多理為宋參知政事忠宣公畫之裔從
祖懋及其父遜均以是書在元武宗朝為增官未鐫而
罷不知理行其術果有效否以泉浸銅不知何用藥否
惜原書不可見而序中不及其藥名洗法也尤屬缺憾
廠有鍊銕為鋼之法亦祕有一藥僅二三老匠知之而
中國已先有此法攻工共傳致西洋用技巧以擅富強
而我之大閩人治鐵有師承能以成鍋以鐵鑄器一切鐵之
殊可歎也稿無刊本當從錄農川所輯展轉傳抄
廷尉別有輯本視錄本詳多可寶也

于艸堂石影

十三日晴

與梅若談梅若贈四川通志一部（余欲備各省通志也）心氣仍未舒不能多閱書也

十四日晴（亥刻冬至）

洪翰香蘇道班改委會辦水師學堂過談陳介庵來晚至仲彭處小坐

豐潤張氏澗

十五日晴

翰香貢臣均來是日　廷寄許振禕兼程來京陛見會勘永定也

晚得蔚廷書

十六日沙霾蔽日天作金色晝晦至申時始止

吳貢臣來論永定河事午後曹蓋臣亦來談河事以下口當改水路歷獻議不見納意甚怫然次則榆垡至盧溝橋作遙隄二十餘里可以過水溢漲都城之患云

十七日晴

花農送菜八罷以餉蓋臣過晦若小坐

十八日雪

閱鄧孝先生集（中有論管子兩事可采） 棹舟回得安姪書合肥函亦許仙屏電會勘永定意甚謙畏（後復來函雷則頗興高采烈也） 許亦非治水才姑引之耳

公嘗言賈誼篤好管子學為管子所誤何以見之公曰管仲識奇才所言所行皆適于時宜其言切當則非也賈誼亦一時之豪士其法于管子者非一且如言色用黃數用五殆為多管所誤也其一則四維雖駁柳州（仲車門人江山劉概撰錄故稱為公）

東坡稱積詩文恢而放如玉川子拙蹇謂似盧仝而大致依經立訓不失為儒者之言則非仝之所及惟複詞說不究地形不明

水勢欲求九河故道窮之未免失於迂僻其語錄已單行
故四庫全之所收乃明嘉靖劉祐重刊宋景定翁蒙正本
此本則宋淳祐間王夫寔所編刻而元大德中一翻本也
仲車抵人弃我取人取我與以為學者之法東之曰學能知人
所不知為文用人所不能用斯為善矣條論如此固是恥異
於流俗矯不自持且流於乖僻一蹶不足為訓安定言行
錄又載仲車見安定之侍姬問安定曰門人問見侍姬
否如何答之安定曰莫要排仲車從此悟入殊不可解
豈記者過於形容轉失其本意耶

十九日雪未已

復蔚廷書

孝宗在宋允為高宗幹蠱之令子其志在恢復而迄用無成論史者至今惜之然其故由於發之太驟而持之不堅不能盡諉諸運數也建炎以來朝野雜記謂上於張魏公禮貌之隆群公莫及符離師敗上眷頓衰虞雍公乞撫西師上親作詩送之恩禮尤盛虞公抵漢中未踰年而殁以虞趣師期不應甚銜之二公皆遭謗夫魏公當隆興之初拚命而起承久和弛備之後必物色

將才整飭戎備務能言戰乃上方欽意恢復後久存行
間屢經敗挫動不加以慎重仍以粗心浮氣應之雖
半為史法所撓實則咎由自取孝宗既失之於張中
復牽於和議氣已中餒及援雍公以宣撫自應久任而
責成功乃臨行有西師出而朕遲迴乃朕負卿朕已動
而卿遲迴乃卿負朕之諭急遽無序仍欲以孤戰制
勝金何其淺躁而不諳軍事也雍公之死安知不因屢
趣師期而西軍實未簡練以至憂憤而死乎故主
戰者當快之於始而持之以堅斯得之矣

豐潤張氏澗

二十日晴

得潤民師書論中亭六郎陸李范宜堂以余評其詩稍作忠告贈七律一章午後趙菁衫吳壯孫均有書至

二十一日晴

呂定之前輩來談午後答嚴範孫久不出門藉以排悶也袁啟之來 嚴孫五詠清朱槐之祖三及其弟權之樞之家有藏書三人均博洽兩孝廉一秀才

二十日晴

黃花農來談傅瑤軒同年式芳自博野至（新河掌教由吏部年改知縣候選）

六十笑午後過梅若小坐秦生來復劉師書

閱勿軒集宋熊禾撰禾初名鉌字去非號勿軒又號退齋建陽人咸淳十年進士授寧武州司戶參軍宋亡不仕教授鄉里以終提要云是書易學圖傳二卷春秋通義一卷四書標題一卷詩文三卷補遺一卷蓋明天順中舊刻稿為完帙惜前列許衡序稱其晚修三禮通解時脫稿竟以疾卒末署至元十八年而未卒於仁宗皇慶元年自至元訖皇

慶相題三十餘年依託題並此本亦八卷卷一序跋銘詞卷二記卷三記族譜卷四文疏上梁文卷五啟劄卷六經籍說祭文而慰卷七詩五六言卷八詩七言長短句詞後有附錄則四庫所收天順本詩文皆非完帙亦如張清恪所刊多所刪削矣倘合兩本刊之可得十二卷庶勿軒經義詩文均免散佚耳嘉蔭簃藏此舊寫本末附錄亦有闕葉而轉寫許序於前未免佛頭著糞也養新錄載朱子元孫淵洽潛濟濬澄集中考亭書院記公三世孫朱沂充書院山長沂後四世孫椿襲其職則朱氏自松之後五世以從木爲可備一證

二十三日晴夜微雪旋止

二十四日晴
復允言書並以宋本廣韻寄廉生夜得九弟書肯堂來話

二十五日晴

白趙州李贊臣同來九弟電欲与夏太守獻銘字子新新建人連姻其庶

安興單光同歲也復電報諾過晦若

二十六日陰

洪翰香來

欲改定州志檢吳卓信漢書地理志攷證右北平亦甚寥寥明甚

閱滋溪集蘇伯修以身任一代文獻之寄既著元名臣事略集三十卷碑版至百有餘篇此本乃東武劉燕庭所藏實自之米箇河者蓋復録于余伯修研究掌故其碑志行狀直以攷證元史之疎而所紀多北人尤足補畿輔志乘之不及惜無力梓而傳之思刻取姚虞諸公及蘇集碑版作元史補未知能成否伯修長于史例其寄歐陽原功之史質疑所論極精遼人之書今惟存

龍龕手鏡耶律楚材所進耶律儼實錄不知采入遼史否不可考矣其論宇文虛中以譏訕權貴被殺並無乘金主郊天舉事之謀海陵死後徒單后亦無被殺之事宋太宗燭影迷離之獄總為可疑內足資史證也

二十七日陰

吉雲帆觀察來

閱清江三孔集彭文勤知聖道齋鈔藏本提要作四十卷直齋書錄解題稱文仲二卷武仲十七卷平仲二十一卷與四庫本合而彭鈔及小山堂兩抄本均止三十卷平仲共十一卷豈殘

豐潤張氏澗

佚後十卷耶文勤不之憾不見四庫本也經之又稍取李訓
謂其志在安宗社而尊君父而惜其忠不謙厚洗然以致
甘露之禍嘗之又不取陸贄以其與吳氏弟兄爭寵及
與于公異有隙發其舊惡而擯之及疑李吉甫以為
胸中太淺不足任天下之重殺之似闕故無史論夫訓
固可原而無如進由宦寺贄亦可議而無如奏議
卓之實佐中興今欲求立異於史評而所諒者乃在
李訓所摘者乃在宣公是何異處元祐之世貶蔡
京而劾程子耶文字雖新未衷於道也

二十八日陰

花農來得三兄書

豐潤張氏澗

二十九日晴

日趙州來辭行復二兄暨安姪書午後趙宇香來屬其訪求吾邑先達所著詩文集遇晦若小坐得廉生書

三十日晴

揖舟回又得廉生書安圃寄百合粉米

閱許白雲張光弼陳衆仲三集皆金氏文瑞樓精抄後歸法梧門展轉入結一廬梧門不以藏書名而所收甚富蓋其時舊本易得不如今日之難能可貴且見老輩無不儲書決不如今之名士手一二唐宋人集便勝大八粗睥睨一切也

十二月初一日晴

韜香采林守昌僕來見韻未之子秦生雜話良久仲彭過我論古今文尚書得康生所寄隋軌及冀北穀梁集解糾繆

閱樂靜集宋李昭玘成季撰李方叔家抄本東武劉氏仁和錢氏傳錄者有崇振趙之墓銘其先北平無終人似可采附崇毗傳之後也

成季有上顏朝奉書中有云見論子由先生云管子中有御書精要處此亦無可恢但至理無言會於理使為真際井巷常談出於鄙夫鄙婦有與聖人合者理不外是故也

鬼谷韓非之書推本道德時近元首二子安足知老子哉其言適中亦莊氏之時固未聞有佛縱有之亦不為佛觀其書著喻其理可笑安在學所謂耶昔人有談不死者或從而學之未及明而其人已死猶恨其學之不早或曰自謂不死而其人已死乃悟也吾恨曰彼縱死安知其無不死之術邪如莊氏未知佛而其言有似之也余按佛書來自西域六朝人以己意譯之大氐竊取諸子緒餘以為佛竊莊非莊似佛也子由沈迷於佛老既以孔老為一家復以莊佛為一母謬哉

初二日陰
晦若言俶述紂陳建侯修志無成許庚身卒徐用儀入樞垣

初三日晴

閱默堂集宋陳淵撰淵字知默官至宗正少卿龜山高弟子又壻瓘孫宋藝文志作二十六卷四庫所收止二十二卷此本卷數與提要同提要謂其論淵明不知義力崇洛學而於了翁之事佛津津推獎未免牽於私情余觀其論和戰之疏有云彼之意常欲戰不得已而後言和我之意常欲和不得已而後有戰洄卷南北主臣以為曲又云荊州人為關侯家置一祠堂中之語度非侯之所欲則必相戒以勿言以此證之則忠義感靈在宋已然不始於明也此足見 神之久遠矣度乃默堂之女夫見集中即編定其集者

初四日晴

得鶴巢書李贊臣來寄安圃書云文都廉

閱龜巢集元謝應芳撰有學書一篇云訓蒙者率以上大人二十五字先之並所謂三千七十語蓋指孔門弟子而言第四字乃聖人名諱理合迴避豈宜手之口之以瀆萬世帝王之師乎其末兩語乖剌尤甚改某不揣狂瞽昔易之云云上大人爲村學究所秘不意元末明初已有之今第四字作孔想即謝所易歟集中謝名前闕疑應芳其字或以字行也文甚平淺提要稱之過矣

初五日陰

爲伯平撰其弟文徽墓誌過晦若伯述在馬容甫述吕庭芷以其

家藏胡忠簡公像研求題研蓋有成化二十三年泰州儲瓘題庭芷曾

祖劬心先生定爲儲文懿按文懿名巏明史文苑傳及列朝詩傳進

士題名錄均作巏蓋爲儲作無疑

閱澹庵集三十卷明鈔本曹倦圃舊藏也案忠簡集百卷本傳

又作七十卷志四庫所收僅六卷乾隆間其裔孫溉刊者三十二卷

補遺三卷附錄二卷此卷數較祠堂本尚少不知遺失殘闕抑

胡溉所刊別加裒輯故較還非舊鈔也余所藏六卷乃知不足齋抄校本

澹庵一疏金人購之千金為秦太師批抹至孝宗始修劉襄漢之戰隆興知忠簡亦徒榮其身未能用其言也行幸建康何以中輟和議必不許何以中變後以權學輩人被劾且不能久安其位是孝宗恢復之志始則失之太銳而廟算未周繼則失之太餒而虛文相飾耳集中水戰論一篇極精似欲練吳楚水師為直擣勃碣之計特引而不發借古抒憤上張丞相書謂今之所以戰者其決出於萬全之計抑出於倉卒而僥倖一時則是以括魏公浪戰之失者忠簡也惜魏公亦忽略之

初六日陰

張芸叟云退之詩惟虢園二十一詠為最工語不過二十字而意思含蓄過於數千百言者至於石鼓歌極其致思凡累數百言曾不得鼓之髣髴豈其注意造作求以過人與夫不假雕琢得之自然者遂有間耶由是觀之凡人為文言約而事該文省而旨遠者為佳余謂虢園紆徐石鼓卓犖似難以五絕傳長歌惟歌中如陋儒編詩不收入二雅褊迫無委蛇孔子西行不到秦掎摭星宿遺羲娥未免以氣傷理豈車攻之詩不及石鼓文武之雅不如宣王乃因此微故不滿於岐山遺迹矣

初七日晴

晦若贈竹葉亭雜記孟孝賺茂才繼壎來見問津舊生徒也

劉器之云新唐敘事好簡略其詞簡故其事多鬱而不明此作史之弊也正文卑豈有繁簡哉依多則文冗而不足讀依簡則僻澀令人不喜假令新唐書載卓文君事不過云少嘗竊卓氏以逃而已而班固乃從五百字正文君之事將補於天下後世哉並作史之法不得不如是唐書事略於前文省於舊病正在此所以不如兩漢楷範之此說亦為破宋定論蓋敘事終以簡明為貴卓氏之事史當不載史公好奇敘之而班不敢刪耳不載則文人無行不見此匹所以警不可刪也亦須相題為之

初八日晴

子涵有書復之並復菁衫書閱庾

闓佩玉齋類稿元楊翮撰翮字文舉官至太常博士提要作

十卷此本有謙牧堂藏書印共十三卷第九卷漢高祖四皓

張良項羽及光武論五篇不甚愜僅論兩漢第十卷題跋三則

後三卷樂歌啟箴各一篇雖多三卷未必足本大要此類

秘抄率未盡出其遺失固已不少虞道園為其父執父名剛中

稱其文因事明理不以艱險自窒盡言伸義不以矯違自

高雖甚牙餘論假借後生要不失先民矩矱也

初九日晴

答陳介庵小坐

豐潤張氏澗

初十日晴

龔京卿照瑗來未之見近年九卿均為使臣亡盡有宋育仁者以翰林作參贊以出使為仕宦捷徑此與下維援之以鹽緣奮書得試差僅隔一層耳可以觀世變也晚秦薌林來送以胡蘆一枚

十一日晴

容民來小坐印之贈新繙華山碑一冊道光乙酉覆長垣本趙辨翁據壽門本非長垣本而楊守敬所刻亦入目疏矣楊極善作偽

十二日晴

午後至仲儀處小坐陳伯庵闖然入余遂過晦若略話而還齋中

孫茶孫來得九弟書

十三日晴

花農示詩翰香均來午後又過仲儀龔三又請見拒之

閱河南集二十七卷宋尹洙撰洙久歷邊塞未竟其用坐以貶

死其由渭徙慶以爭水洛城其貶也以董士廉挾仇上控士廉即
前城水洛為沫所械繫者也水洛之城毀之者劉滬主之者鄭
戩復勘者魚周詢力爭以為不當城者王則安撫使韓琦下
則副總管狄青而沫言之尤切平城雖由周詢而實則參政
范仲淹贊之其言曰策應軍馬由儀渭二州始到始到如能進
循水洛城斷西賊入秦亭之路其利甚大非徒通諸路之勢
因以張二軍之威者也又言劉滬董士廉實四路都部署節
制往修水洛城即非妄人擅興況滬是沿邊有名將佐累有戰
功國家且須愛惜不可輕棄士廉京官亦與將佐一例拟勘更

未合事理也師魯欲械繫滬士廉且以水洛不宜城范公不以為然也其時諫官歐陽修以仲淹築大順城种世衡築青澗城劉滬築水洛城滬尤為艱勤余靖亦請戒勅誅青並以滬青既有私隙當移青不可移滬以安新附之心也歐余亦不以誅為然也然師魯所持乃備多力分之說其所陳分兵輸衆生事召寇四害深得兵家要領於士廉及復開諭弟之書（集中存）不從殆命狀往械繫之軍令宜然水洛既成旋就和議亦無甚益而師魯轉為士廉所中其就希文而死正所謂伯仁由我而死耳歐作墓志雖自鮮說終不及韓忠獻墓表之直捷亦所見稍左也

十四日晴

午後洪魯軒來寄九弟書為三姪題字名曰志潭志浩志淦三姪音志涵志泠志涓以富陽有董雙成寶丹鼎也得安圖書有帳左右因分感生兩色聞之甚悶〻

十五日晴

花農鄔香秦生雜至喧甚得康生書

午後閱漢碑〻兩種以甚靜定近真不耐俗味矣而為境所困不能逃世入山每與閨人談椒為贊〻夜肆佔以王懷祉所校補以書音趙表來佳〻年所求得者大何錄〻我亦可喜也

十六日有雪意旋霽

袁昶之來劉蘭谷辭行因以安甲午春問蘭谷曰其父權責服毒而死可傷也肴之非適子宦者忌妒好

閱問經堂叢書承德孫馮翼所刻其中多輯逸書蓋與淵如敏祿誼同之洪頤煊宋翔鳳、章學源所輯之本均為代刊而附一同校之名耳章氏隋書經籍志攷證僅存史部餘稿為馬氏所購未及詳校卒竊為己有刊為玉函山房輯逸書倘有力者以此書及漢學堂叢書合刊補其未備輯其未搜併隋志補全實為一部書目精本嚴氏全上古漢魏六朝亦可參正也

十七日晴

作安圖書以來鐵有喉左右生兩邊甚念之也又復廉生一函

十八日晴

延仲儀診脈擬云心火仍未降菁臣過談

王南陔輯周人經說僅存四卷擬補輯之不止此數南陔從子本木甚深其所著說文段注訂補及管子地員疏證由道繁光此種以經鮮冠首作序目以爲謹嚴殊屬無謂潘文勤爲其經說並刻之功順堂叢書功順堂所刻大氐細碎散佚惜亦雜糅無長物人者與滂喜相類因歎杜澗如黃蕘圃輩刻書之精惜乎今

之有力者不能如是其詳慎也

十九日陰

復都儷書並以食物數種寄元孟虞午後陳竹廣來得獻夫

簡知已服闋明年三月來津

仲儀極稱章實齋文史通義塞上著於時多取其數則入稿如謂集大成者周公而非孔子學者不可妄分周孔殊有語病近世遂有以周公之書全為劉歆僞作者詆康祖又有以孔子之學專與周公立異者不知周公思兼三王此君相之治術孔子無位萬世此師儒之學術皆集大成而所遇不同安得謂孔子非集大成乎謬矣

二十日雪

李搏霄來由都引見歸也談輦下新聞付之慨歎午後晤若農小坐

述日前朱式如護通判實收得安小峰侍御書請以吳祠隸隴西白

無書此子殊不解事

二十一日雪霽夜又雪

洪翰香來鄭觀侯自都門至留陪仲儀晚飯

二十二日大雪

作致伯平書以改定之其弟首墓銘寄之

二十三日雪未止

仲儀讀管子頗有所得與之晚談明年思以讀管寫本付之校勘也得廉生復書代致監本新唐一種於是監本廿二史全矣晚晦若來論永定河時言路交章此間仍持周馥舊說也許河帥明正來此合肥將同往會勘矣得伯平書言已交卸道篆明年將乞病假來津

永定河遙隄之說頗用方河督琮創之爲鄭文端所駁刪陳文恭嶠言其利未知施行否而挑淤之策則裘文達及周公元理會案後之浚船乾隆三十五年舊案也道光間裁減經費屢之河患之亟未始不因乎此曾文正奏請河內搶險濬

林之株木叢生迷其明徵大部識材章均主挑沙之說夫以七十餘年之老沙欲以六萬至三千人挑之豈能有濟並老沙固不能去撇淤則不可留永定情形與黃河異黃河爲徑瀆之一能自達於海永定則必入清河以達海愈來則河身愈狹不能攻沙而清河及下游均挂淤矣然則目前急務止有遙隄一法而以截溜挑淤爲秋汛後速辦補苴之上策其數不能即竟而年年實力行之舊淤漸去新淤不生自有無形之益鄙識固舉重若輕者事太易必執挑沙爲諸論並新淤淤漲而亦隨之則河之病日深欲築高於邱山之隄亦策填經水而止

二十四日雪晴

復伯平書倪順妹得都門書附安圃一函十月初七日孿生一女一子其子息可云蕃盛矣此子女旋不育双生一子一女俗忌之亦罕成立者

二十五日晴

花農來午後得高陽書並惠食物四種作書復之以食物四種為報與之五閱月不通牋候矣高陽頗疑其疏懶蓋與世相忘茲於長安知舊書問目希每月必有一書惟廉生耳劉季咸來謁名文沛仲儀之弟在豐潤孔大令署中司記室

二十六日晴

翰香來午後吳悄甫秀才至毋毋而去前以安曉峰米紫吳初商之安面得復電云河西白首妥

閱貞素齋集元舒頔撰官台州路儒學正明興屢召不出此本

乃長齋孔昭所輯捜窭所録八卷本也集中有石臼詩序曰邑
南七里潭曰油潭有石曰石臼汨沒沙磧春大雨乃獻奇頗以為理
侯政教之應且引郡志余廉石乃見崔正言蘇子由張仲他
以後復見於理侯開以告理士大夫合飲理名蒼巴麻識字云章甫昌人復有
石臼雜一篇則痛詆其誣並云理君亦責其事按余往觀
玉則癡焉頑精無它奇看意較煩其石絕其誣使後人
無以疑一人之見而先後矛盾如此殊不可解此高隱
不仕而明功法同為不倫捜窭曲原之無謂也頗弟遠
述附於莊稿一卷頗本存迪字道原 嘉蔭簃藏本

二十七日晴
費臣永詩鈞來得晫民書夜仲儀解館邀覲侯季咸同飲晦
若招余閱合肥詩
慈聖御書揭稿菁衫後書云疾已小癒
二十八日晴
吳巢山來季士周以陳書玉同年家事來商書玉已故為其弟
芋源謀館事也余以北洋人浮於差勸芋謀之穀士時穀士對曰
浙撫書玉名夢麟浙之會稽人官編修
得九弟書寄志潭所定婚八字來親家夏子新太守獻銘江西

新建人亦舊族也執柯為張曉颿

磁州訪得蘭陵王孝寬公兩碑以天寒未能精拓也

二十九日晴

苑農楚寶均來得都門書夜過晦若少坐

閱趣晏林希逸鬳齋集有上賈似道啟極口稱譽以趙普文彥博比之王柏魯齋集亦有壽秋壑詩極稱其援鄂之功諛非備至二人皆道學柏且攻孔子手定之經而於秋壑乃諛附如此宋季諸儒多不明事理眼界不高且講求到人品也故講學以識力為先

三十日晴

檢點詩文詩僅五十餘首文十餘篇一年又虛度矣惟得書數萬卷書高於屋債積於山殊無可樂也潘大令江來庚午同年

校齊民要術竟係之以詩庶明年得二頃薄田自耕不餓也

滿眼工商榮胼胝笑荷鋤流亡驚草野沸欝悅河渠乞糴錢仍費屯田穀不諧驟農耕吾衰晚終夜校農書

蘭駢館日記 甲午一

正月初一日晴午後陰

聞元旦 萬壽恩詔合肥賞三眼孔雀翎子姪邁田王泰賞貟外郎合肥召余及晦若談遂過晦若小坐 國朝漢臣賞三眼翎自合肥始向例必賞寶石頂以開館

補服以狐山三眼翎由珊湘瑛以三眼翎六日合肥始此六一筆故也 和某壯六月賞寶石頂存放

讀宋史蔡襄傳外間傳言以厚陵之立襄有論議帝疑之出三司使乞杭州歐陽文忠集紀之最詳云慈壽垂簾嘗諭中書言仁宗既立皇子近思鄂王宦官宮妾爭相熒惑而近臣亦有異議其文字已於禁內焚却中書不敢詢狀

名外人稍〻言襄於是大慶厲色詰責及包藏禍魏之實上

上曰內中不見文字執政多方辯說似聖意未解此家的實

王明清玉照新志以君謨嘗與晉江章拱之贓罪不甚詳究

極形困擯君謨不直厚陵爲皇子疏傳於相臣中中人得之遂

于英宗遂以疏傳聞過當之謗也厚陵入宮時累表辭讓

此時有天下而不自方見聖意願所以極擁戴之意不能實

襄處外艱則前之議非誣飾故襄亦所誅者似既已早

予後未必敢為此疏而既動上疑止能引身而去坡居子於

襄無責焉

初二日晴

除夕作廉生一書　合肥謝　慈聖福壽松鶴字疏有差并入都即交其齎送時信局未開市也

閱真西山讀書記其甲編孔門傳授一卷可采入余所撰述學中（二十七卷　二十八卷）惜其思孟後直接荀揚董文中而於漢儒一際未錄後（二十九　三十）即錄韓昌黎而以周程邵張及程張門人以至朱子此即梨洲學案之椎輪也余擬移其春秋君卿事業（在乙集）於前分別春秋學案而以孔門繼之蓋胚胎於史記而古今之學術治術脈絡貫通矣非徒攷究學派也

初三日陰

花農來秦生亦至洪翰香率其子慎孫賀正午後黃臣過談

閱姚牧庵年譜牧庵四十二始娶宗陽先生中女楊氏次年卒四十四又娶趙氏牧庵伯父樞家門鼎盛不審何以晚娶先生作南寺碑以碑中用祝髮及于佛焉依而緇流以祝髮屬焉便為禿焉翁來言之蘇見命趙子昂元以劾削撰其文張希孟祭先生文有磨淮西碑語並先生集中竟去祝髮句實則存其原文與是一重公案也

初四日晴

碩廷一來以其外舅凌筱南詩集求序名煥孔少軒大令憲廷求見其父昭馨丁卯舉人嘗爲内子館師昭馨人甚謹飭學尚粹雅閩人深以其益也許仙屏河督來津過談

閱皇朝仕學規範采張鎡撰有張叔未跋云此淳熙三年丙申原刻本係楊鍊崖袁忠澈舊藏乾隆間武涉令海昌查宣門開所鈔跋者嘉慶中余從宣翁之子蓉庵秀才以銀十餅購得首缺序目後缺作文作詩二類六卷余與海鹽朱春甫錫及余次兒慶榮從宗默假刻本影抄補足授

慶榮跡之道光二十五年乙巳七月廿四日四庫提要稱其可補宋史之遺與朱子名臣言行錄體例頗殊同為一代文獻之徵云余案作詩作文兩類與師錄相似非師錄校為該博此則專取宋人議論而已

錢明逸久在禁林不滿意出為秦州居常怏怏不平公聞之語人曰賴不足意獨不思所部有萬千生靈耶公初不知何指語出名賢遺範錄以上段慶曆中為希文彥國同在兩府語校之似錯雜且而此段之前則述王文正面目和清亦此書之一病也

初五日晴

晦若來午後答仙屏前輩得獻夫書

閱黃棃洲周易象數論其辨圖書論共六篇其第一篇略云歐陽子言河圖洛書怪妄之尤甚者自朱子列之本義家傳戶誦今且以歐陽為怪妄矣後之人徒見圖書之說載在聖經雖明知其穿鑿附會終不敢犯古今之不韙而黜之魏鶴山則信蔣山之說以先天圖為河圖五行生成數為洛書而戴九履一者則太乙九宮之數宋潛溪則信劉歆以八卦為河圖班固洪範本文為洛書皆傅經文而為之支說也是故歐陽既黜圖書本旨

大並繫辭而疑其偽本偽繫辭則河出圖洛出書之文焉
牙其上說莫能申然則欲明圖書之義亦惟求之經文而已六
經言圖書凡四顧命曰河圖在東序論語曰河不出圖禮運曰
河出馬圖易曰河出圖洛出書聖人則之聖人以易象天察
地天垂象見吉凶仰觀於天也河出圖洛出書俯察於地
謂之圖者山川險易南北高深如後世之圖經謂之書者風
土剛柔戶口阨塞如夏之禹貢周之職方謂之河洛者
河洛為天下之中凡四方所上圖書皆以河洛繫其名也按
黎洲辭圖書甚辯而實未諦當上古結繩而治後世聖人

易之以書契八卦未畫之先安得有所謂圖經職方者周公始營洛邑未聞羲軒之世以河洛為天下之中而都之正無以解出圖出書出字之義矣禮運言地出醴泉山出器車河出馬圖之緯與醴泉器車並舉亦屬不類鄭康成依緯書云河圖有九篇洛書有六篇亦緯書附會之說此九篇六篇是何人所造乎疑伏羲時河中出一物似圖伏羲因之以畫卦神禹時洛中出一物似書禹因之以演疇者乃六書非一篇之書也以八卦為河圖洪範本文為洛書尚是以聖人所推演為天地自然之文實則先有河圖後有卦先有洛書後有洪範耳

初六日晴

致高陽書

閱周行已浮沚集其兩漢興亡策云西漢興于韓信之一言亡于張禹之一言東漢興于鄧禹之一言亡于胡廣之一言蓋以信決策於南世祖欲因二郡之眾入關禹建策故也余謂西漢亡於張胡諸儒禹引春秋之事以固王氏廣於質帝之役為合梁冀罷胡可遂予謂龍興由於韓鄧則持論甚快恐未盡合高祖之興自由於納樊噲張良之諫封府庫除苛法光武之興自由於納鄧禹之說延攬英雄務悅民心非偏韓鄧也

初七日晴

得蘭生書午後張琴之蘇回都過晦若仲儀到館旋去

閱臞軒集宋王邁著所謂勅賜狂生者也其所上劄子以上欺天下欺君立論極為激切中有云前日之賄賂惟入權臣之一門今日之賄賂或入外戚或入奄宦或入近習旁蹊曲逕不止一途以較桓靈鬻爵錢入公家晉武鬻爵錢肆私室又下一乘矣末流之弊何所不至良可嘆慨也擬安稱其於濟王竑事反復規勸見拳拳之忠愛之心大詳閱大典輯出遺編譌闕脫不少而其勁直之氣歷刼不磨可謂古之狂直矣

初八日晴

仙屏贈所刻曾文正祁文端書及自書格言得九弟書

閱金氏文集宋金君卿撰原十五卷今僅由大典輯存二卷按晏擾曾子固所作其父溫叟墓誌稱君卿欲以其所為為天下慨然有志則其人亦非碌碌者遂極口論之並以集中有文潞公韓魏公生日詩范文正移鎮杭州次韻詩和歐陽文忠潁州及白菜二詩謂所與游者皆一代端人諸疏尤有裨世用並當臨序稱君卿在熙甯中勅書獎諭曰尔使於遠方盡瘁乃事推我新令為天下先則君卿亦附和新法之人與介甫同鄉金浮梁人集中

于艸堂石影

亦有與介甫倡和提要謂可補李注之所不及頗於當序所述勘書猶未指出與全書議論相反豈徒以新法之罪責介甫而寬其徒從抑此提要為江西人所撰意存迴護耶按總校為彭檢討元瑞　星卿字臣叔

星卿又有易說今臣供其集中敘傳易之家云昧于秦薄蝕于漢諸家之說棼焉而聖道微矣輔嗣特起斥去異端天人之道蝕焉而明並猶時若氣翳未能廓然若時有以待焉亦輔嗣之易臣是異端而以為斥去異端則其所為易說者可想矣

初九日晴

嘗松雞甚美寄桂林弟一書並復安小峰侍御吳羽亭頂候

西白來信

閱戴剡源文集韓小亭校云補鑑佛賦一篇實未之補當檢錄之

之 元戴表元帥初撰

剡源有一絕云毛錐自是今無用鑱硯還知古可穿不惜日抄三

萬字勝儲百畝剡中田閱之慨然余竟日笥閑竟無抄書

之課插架万卷而無一頃之田仍然依人殊自哂也毛錐無用則

古今同慨耳

初十日晴

仲儀用學招贄臣作陪仙屏辭行郯之遣人投刺送別

閱唐確慎學案小識張武承先生之學篤守程朱深疾陽

儒陰釋之徒以閑邪衛道爲己任顧其操論亦有過當處

以陽明之詆朱子也峻詞以詆陽明其謨丈質疑云曰宏治己未

陽明成進士其年六月孔廟災九月建陽書坊災陽明之出孔

朱之厄也夫陽明即不詆朱朱未必能厄朱况厄孔乎甚矣請問獻

之形日積於學士大夫之心術而天下不可爲而以陽明之術爲盡變文

天下之學術盡壞天下之人心以平以釀亂亡之禍實爲倡亂之

首大聲疾呼因於救其敝數實則漢文周內而已此種州
壞氣質嘗遂讀書人人偷而確慎以為質疑一變為陸子
學術雜之章正宜刊本布天下以警人心而留學脈殊可
笑也孫芝房以漢學釀粵捻之亂因遂一種議論士大
夫暗浸章句入仕遂後專營祿利世之皆之積為風氣
中外大臣無一二老成練達剛正明果者為之挽回則
召大亂不待言之責而責諸講學豈非迂謬之見哉
武承以湯旺為功臣而亂首沒其平宸濠之勳而坐少
諸流寇之罪此論史古人之人亦苟矣

十一日晴

復王廉生劉獻夫書秦萩林來

閱王魏公集乃永樂大典輯本提要謂如元絳墓誌可補史闕拾宋史核之均具崖略蓋國史不能如行狀之詳也惟絳有文集四十卷又有讞獄集五十五卷爲十三卷傳于家史未載耳序之謂事荊公及其子弟以安禮曲爲粉飾似亦諛墓之詞多核實云平少宋史刪節未爲過簡也葉竹堂尚載魏公集今已無傳提要謂其文視安石規模稍隘而縱橫約略相似蓋安禮固議荊新法者文亦不甚似其兄也

十二日晴

晉趙菁移書並於萊亭雜記二冊當是初來欠坐談不甚暢

胡仲子集明金華胡翰撰有米南宮蘭亭跋云米南宮論禊帖毫髮無遺至其所自書乃縱橫若此蓋出入規矩晚年筆也南宮嘗稱善書者得一筆已猶有四面故其對帖臨仿者与真無辨而任意揮灑者入妙自少人鮮及焉余昔見黃山獻公恨不及少時質之趙米以已得四面目明並南宮書以為晉代者為佳其任意揮灑者終有俗韻觀其人出入規矱非能卓然自立者故以筆四面已其短處非勝於古人也

十三日晴

呂陶淨德集杜敏求墓誌子美生二子下江陵留二子守成都籍楊子琳之亂避患奔眉之東山大埡因家焉其後族姓蕃衍爲郡大姓有葬青神者遂爲青神人按元微之杜工部墓誌言子美之孫光業啓柩之襄祔事偃師未嘗言其子孫還眉也顧淨德與杜敏求爲友必親見其譜牒似亦不盡出依託惜言之不詳或爲文一支留眉耳敏求字趣翁官至潼川府路提點刑獄有文集三十卷大歲嘗賦聞雨詩有崔夫昔相問變非忠所人逖工部之後又曰一詩人矣

十四日晴

花農觀侯王初均來仲儀甫談

閱小峴山人集秦瀛著有彭蠡說謂彭蠡即鄱陽非巢湖敷淺原說謂廬山即敷淺原引證甚少說經攷地非其所長也魏默深本文據禹貢山水澤地記彭蠡澤在豫章彭澤縣北以為在湖口下游小孤山左右力翻鄱陽為彭蠡之妄以為彭蠡無在江南理漢志豫章曆陵縣南有傅陽山傅陽川在南古文以為敷淺原道與以江州潯陽之蒲唐驛當之正當大江之盡又當之廬山北巖之盡亦非廬山也

十五日晴

閱苕溪詩話宋莆田黃徹撰論詩以杜為宗中多理語如云否卦也承小人吉說者謂小人在下者包承小人在上者承之蓋處否宜然元次山賦不盈詩金魚吾不須軒冕吾不愛此所以能不徇權勢而專務愛民杜老剛腸嫉惡宜其狠于嚴武而遭田父泥飲被肘不惱所謂不畏強禦不侮矜寡范文正淮上遇風一棹危于葉旁觀亦損神他年在平地無忽險中人乎然而作可想見其無復加澤之心均由小見大然不免固哉之見其胸次之高亦可以見一斑矣

十六日晴

至海防公所檢書閱屋為遷居計陳觀侯過談

閱劉忠肅集武英殿聚珍本忠肅名用方嚴思以文結邢章于宣仁之懸遂解政柄劉跂之為之作序極力推崇而於此節亦難置辯其言云公家子弟與章惇之子相識因入都應舉而公家子弟與游科場舉已附第言者指為交通之迹邢恕謫官至京師以書抵公公答以手簡云為國自愛以俟休復為茹東濟所發以休復為汝牒此固言者之險很並忠肅之自處亦不可謂不疎也然有嘗劾章惇其子稍知大義不

當為公子弟游公子弟稍知大義亦不當為章子游即汲那之疏身在政地亦不宜作此語豈逆揣元祐之局不能持久欲闡竄於小人耶然其實欲易新法之黨而周旋若輩何益乎

十七日晴

翰香來午後秦生過談知本宥已還湘中楚寶以房圖相示陳介庵過談館政

閱浮溪集彥章於越州行在條具時政首陳馭將之說曰示之以法曰運之以權曰別之以分大致謂諸將已如驕子恐有蕭墻之禍意欲精擇偏裨十餘人人付兵數千直隸御前而不隸

諸將其言當時未及施行旋有苗傅明受之變度高宗厭兵而忌諸將者已深甚以秦檜之策為行也夫高宗播遷在越正時危迫急將之日駑馭自有法必屏武夫不得預謀而獨與宰相書生商圖其勢不至覆敗不止其時惟當慎擇將帥與謀善戰者付以閫外而不輕驕悍能戰者奪其兵符而不用庶幾足以有為大洋溪乃為謀防國報之說意在折驕將之氣而轉以塞忠義之心其嘗厚之用非所論才也其謂諸將飛揚跋扈所至焚掠驕虜甚于敵人則又足見當日用將之非人耳

于艸堂石影

十八日晴

洪魯軒来談合肥云孫樨之羅由講幄與樞廷且與其政以賄成

聖人明目達聰固國家之幸也

閱諸並有雜談李易安紹興癸亥在行都有親联為內命婦者因端午進帖子時秦楚材在翰苑惡之止賜金帛而羅易安之祉遂俞理初祥辯之矣然亦其遭忌之一端也夫易安既已霜居何取以才華自顯楚材之媢嫉固屬可鄙而易安亦猶不自韜晦矣雖然如易安之才不得如班大家宋學士輩殊可惜也

十九日陰

寄廉生書並合肥書扇一握李光祿祠落成合肥屬為代擬楹帖三日中得六聯思致艱澀可歎仲儀病瘉回館

閱申齋集元吉水劉岳申撰集中有文丞相傳與宋史互有詳略可資考證宋史王積翁言南人無如天祥者世祖遣積翁諭旨天祥曰國亡吾分一死矣儻緣寬假得以黃冠歸故鄉他日以方外備顧問可也若遽官之非直亡國之大夫不可與圖存舉其平生而盡棄之將焉用我積翁欲合宋官謝昌元等十人請釋天祥為道士留夢炎不可曰天祥出以號召江南置吾十人於何地事遂

臣申齋則曰上將付以大任王積翁謝昌元等以書諭上意天祥以書曰諸君義同鮑叔而天祥事異管仲仲不死功名顯天下天祥不死則盡棄平生遺臭于萬年將焉用之積翁知不能屈猶請釋天祥以為黃冠者勸黃冠之說即有之亦詭辭求還為歸死江南計耳以劉侍讀之乃積翁說詞非信公原書也其時宋已無可為信公惟求一死決不遁詞求南還明甚申齋設留說可疑其臣命之故史以為坐狂言傳以為因參知政事受述丁丑以為受述丁乃信公知己勝於積翁黃冠自請由如策而請殺乎

二十日陰微雪

賁臣来夜武廷生校官過訪

閱彭文勤恩餘堂經進稿凡三集末附箋簡及讀書跋尾各一冊其山谷刀筆跋云此書與集微有異同不可偏廢以歷官編次尤足考當時出處之迹與黃譜編詩入年譜同意略以蘇編年有施注而黃無編年欲取任史之家之注以當譜叙次及同時人倡和附見都為一編命曰黃詩三集補注亦有零斷稿本而忽之三十年不能成書云云此意與余寒上評黃本正同惜不乃文勤稿本為藍本事半功倍也

二十一日晴

花農來聞上海輪船二十六日北來午後搏霄承詩伯述魯軒離

至

得明宏治呂蘷刻王右丞集六卷本即所謂山中一半兩本也惜呂刪去

施宅為寺表明人每喜更改宋元本面目大率此類

王琢崖序右丞詩云右丞詩句妙九州楚詞後語猶謂其詩

萎弱少氣骨丹青妙絕古今米友仁猶云王維畫見之極多

皆如刻畫不足學此二語可謂別開生面若豈小米所見

非摩詰畫真本耶詩少氣骨則酸鹹者殊不同矣

二十三日晴

楚寶来午後約泰生一談

閱亥白詩稿昆時即讀船山詩後亡其書以究心唐人及北宋諸家不復措意後得士礼居船山詩鈔非足本也蹇工蘇来始復於廠市得之而亥白詩迄未見其集為壽门所刻凡八卷前有王椒畦學浩敘謂其於老年盡之外別闢一徑壽门跋但紀刻詩之始末耳亥白後船山一年而卒其後亥白船山眷屬不知是否与壽门同居詩中亦無明文船山柩厝元墓不知歸蜀否詩人例窮讀之憮然

二十三日陰

秦生來午後甘雨香大令澤宣見過代理臺灣其前人小滄同知丁酉拔貢官浙江錢唐縣升石浦同知晉與先人同僚也名鴻雨香官江蘇震澤詿誤來直隸伯述過商志例

閱淩仲子校禮堂集仲子所著禮經釋例為說禮之宗集中有復禮說三篇荀卿頌一篇大致以禮為聖人之學而宋儒言理為禪學與余謂六經皆禮之說先後同意其學於禮經外長於史及樂律

權文公有酷吏議大略謂詩美仲山甫曰剛亦不吐柔亦不茹故嚴備

健順是謂全德得柔之道者為循吏失剛之理為酷吏故為馬班列郅都於傳首為非凌氏駁之謂酷吏者武健剛毅不畏彊禦京兆司隸長安雒陽難治之區非酷不足勝任椎埋沈命舞文巧詆者酷吏之過史氏因而載之非即以此為酷吏也新唐書收以索元禮來俊臣為酷吏則大乖史法矣不知酷吏者申韓之學也循吏者黃老之學也傳曰道之以政齊之以刑民免而無恥酷吏近之又曰上失其道民散久矣如得其情則哀矜而勿喜循吏近之是二者或剛或柔皆未能合乎先王之道然則循吏非龔之酷吏非郅之也殘忍慘刻之小人不足以蒙其稱也明矣業凌氏之說雜矣所謂循

吏黃老之學酷吏申韓之學亦似是而非太史公酷吏傳歷引孔老並以為法令者治之具而非制治清濁之源是以循吏為儒而兼老之學不能專以黃老該之以鼂錯引趙禹甯成似乎酷吏近於法家然史於列傳諸人必先詳其所學酷吏傳無之不得冒以申韓也張湯與趙禹共定律令然律令與法家有間矣（詳在余讀史記列傳書後）黃云雖慘酷斯稱其位而又徧舉馮當暴挫一派以為何足數斯詳其中有褒貶以材吏還之俗吏班氏則別出張杜純乎駁矣因一循吏酷吏史漢俗已不因何貴乎宋子京也

二十四日陰

午後過陳介庵

閱管異之因寄軒文集異之有與友人論文書云自周以來能兼文者宗無偏僕謂與其偏於陰無寧偏於陽耳道之原六經尚矣極而論其從入之塗則公羊國策賈誼太史公皆陳得乎陽剛之美者陽剛之說發自惜抱曾文正主之然實一偏之論文自以剛柔兼至爲尚若論妙氣盛自剛多柔少筆曲自柔多剛少所謂六經惟公羊爲剛然則諸書之經皆柔乎陰乎陽乎鄧解筠序其文云昌溪學廬陵而真于國海峰學廬陵而真于瞻惜抱學廬陵而真于長公懷子長之境豈桐城所能到與曾文川皆識似耳

二十五日晴

寄九弟第一書　復仙蘅簡　昨日京察嚴尚書烏拉喜崇阿松森

侍郎崇義志顏自萬董以後無此醜沙矣烏達峰與余在西

垣同事才短而度甚和　甚苦奉總不難掣肘已引疾亦先遭入察典

惜乎見幾之不早也　王福乞假回籍

南華真經義疏　彭文勤評本　疏為唐西華法師成元英撰　四庫

未收　今古逸叢書刻之　然尚傳抄本也　文勤謂其亦得莊子用意

然詳典處可采　余以作莊子義詁　嘗細按之　其衍郭注處文義

疏滯　有晉人清理　於猶非郭之功臣　且為莊之罪人　即注典亦

未能精核並多附會舛誤處文勤自記稱乾隆丙申春南旋舟中評點嘉慶丁巳秋刪益用功甚細密且多補改之迹大段以莊為子夏弟子非師老聃所掊擊非真聖人難於垠岸所謂實多而文少予者並説來四通六關而一篇之用意不甚貫串將以已之所見參合之而已於訓詁既略於義理亦疏蓋隨手評點久而不能割愛鈔而從刪改首尾完具以視莊子雜志一詳政證一究微之未能相提並論也余之義訓擬先哲文字攷究並於明釋生命意之所在遂以周秦諸子互證之而折衷於六經此書可明備參證之一耳

二十六日晴

午後搏霄辭赴省吳贊臣赴永定來談夜過梅若得廉生書

閱媕雅堂別集趙文哲撰鮑偉評本蒲褐山房詩話卅之論詩以新城為主既而於唐宋元明本朝諸大家名家無所不效亦無所不工以殉金川難卹贈光祿寺卿按集中有詩話數十則謂蘇李規模不得陶公不宜多學以謝康樂為根柢元暉為妙品應制以顏延之為標本唐則五言學右丞與韋柳同為正宗昌黎五言亦開宋人門逕學者須相題而施若以韓孟之體冒王韋之題則敗矣楢本雖非謬華以吳山學杜而歎之質朱竹垞初年學選而截未入微故其年

全學宋人，皆非正軌。七古根柢東川、右丞、嘉州，而獨往於太白、杜之，宋人而後，臣謂漁洋全學韓蘇，稍雜清蒨，並無可取，搞究為初學所當取法。於近體初學盛唐，晚乃入宋，才氣既遜。漁洋五律取右丞而以襄陽、嘉州為輔，李頎、杜、大曆諸子無譏利病，明取空同、大復為數茂秦，而以屈翁山為殿。竹垞擬漁洋第一。七律本取黃鶴樓，以右丞、東川、嘉州為準的，而推重老杜，以為降而為中唐之錢、劉，再降為晚唐之溫、李，再降為宋之蘇、陸，要無不對，而可云律者。漁洋僅取數篇，而推漢、嶸為精美，無取將之。空化五七絕，則專取中晚劉禹錫、李益、李商隱、杜牧及宋之蘇、陸、黃、姜白石也。頗有小巧處

余近方持分體兼采眾長之說錄之以備參攷

二十七日晴有風

得安圃書並康生一緘

閱寇忠愍公詩集范雍所編提要云石林詩話有過袁州留題驛亭詩詩見以名錄有和蒨桃詩合璧事類前集有春恨春盡詩皆集中所無蓋諸詩語淺格卑疑殆有所抉擇耶遺編也準以風節著詩乃含思悽婉綽有晚唐之致然骨韻特高非凡豔所可比范序則以其含悽為暮年遷謫流落不歸之意其詠杜鵑一首幾於先詠南行而平昔乃酷愛王右丞韋

蘇州並余讀其詩殊與王韋大類擬要晚唐之評道之所藏兩本
一舊抄海鹽馬氏所藏一陸氏求樓校刊宋本也
二十八日晴
范農來談復伯平書以伯平遲寄兩書也
梁書沈約傳高祖命范雲明早將休文更來雲出語約約曰卿必待
我雲許諾而約先期入雲徘徊壽光閣外但曰咄咄約出問曰何以相
處約舉手向左雲笑曰不乖所望梁臺建約為散騎常侍吏部尚
書兼右僕射高祖受禪為尚書僕射又拜約母為建昌國太夫人
奉策之日右僕射范雲等二十餘人咸來致拜俄遷尚書左僕射常

付如故。是雲為左僕射，詔以為右僕射也。雲傳則梁臺建遷侍中
受禪遷散騎常侍吏部尚書，尋以選遷僕射。雲代其位，其年
東宮建，收遷尚書右僕射，猶領吏部。是約遷左，雲收以右也。其
以坐違詔用人免吏部，猶為僕射。天監二年卒。雲亦嘗為左僕
射明甚。二傳同卷而並誤。正此從以高紀：天監二年正月尚書僕射沈
約為左，吏部尚書范雲為右。又為雲傳其年東宮建，收遷並四月
蓋約約先期入臣啟責雲而出其上，拳拳手向左亦是雖雲故收後
雲在約後，約傳只左僕射，乃蕭上而誤衍。是時雲方為吏部尚
書耳

二十九日陰

秦生來得九弟兩書並全上古至隋文兩部

閱蒙齋集宋袁甫撰有時習堂詩一章詠習坎以章二章詠

兌澤講習三章詠君子傳習四章詠孔子習周公五章詠坤六二

不習無不利文多形穢識者一笑王制習鄉上齒二章射義習

射于澤三章月令鷹乃學習四章玉藻習容觀玉聲五章

月令上丁習舞釋菜未免失之小巧且易詠坤後於坎既後

詠月令兩見鷹乃學習亦与習容不類而請正者契為三子

三世均以儒術名

于州堂石影

二月初一日晴

翰香、士周均來，合肥姪李耕娛孝廉過談。名經鈺，癸巳新孝廉，丹崖母弟也。

午後以前秦生鍾至，以本甫書寄老筆簡子。

采書宗室傳。韞道憐之孫，義欣之子，人才庸鄙，挾子勛為亂。韞棄郡歸朝，為太宗所寵，不可謂非知幾之士。及蒼梧被廢，道遇彥節，韞問今日之事，故當歸元耶？彥節云：吾等已議傾軍矣。韞拊膺曰：兄肉中詎有血邪？今年族矣。道成聞而惡之，是其識遠過劉秉，足以取忌於齊高帝。石頭之役，韞與卜伯興謀其夜共攻道成，會秉去事覺，道成先遣王敬則收之，遂爲所害此實宋宗之翹異者沈約斷其凡鄙所證實不過蔡興宗一事韞目畫圖興宗指問何人在輿者是戲語韞荅以此是我其人誤惘不甚靈速則有之何至以爲庸鄙之證在隱侯在齊時脩宋史任意誣謗宋之君臣不足深論李延壽南史仍而不改則幾乎以庸鄙爲彥節之定評矣夫大節不論而苛舉其小疵此豈爲信史乎余意劉秉劉韞兩傳當與袁粲合敘而韞之傳附於諸子傳中亦屬不倫沈書之可議不止此一事而錢宮詹乃盛稱之何歟

初二日晴

得伯潛書陳墨樵來午後承詒從子仲彭過談寄九弟一緘並草二作安圃復函二文永詒攜入都中覓便寄桂丞日有增差附

復廉生論志及律書

子瞻讀范滂傳而前已有讀范滂傳者南史王叡字子卿性迅動好文章讀范滂傳未嘗不歎悒以其言正欲書殘才二十一卒遂無稱之者蘇詩以采燭珠為鳳皇為伍虞事注家摘其誤南史孔或說正謂伍虞采燭珠為鳳皇伯文宏稱其長者注者但見類書耳非此見注書之難也采蠙珠事見書本作伍虞參史作伍緯

初三日陰

花農來洪公述孝廉自湖北至翰香之弟得高陽書蔚廷亦有書函

閱學易集劉跂撰忠肅子也蕭廷生作跂墓志仕至主管成

郡丞嘗觀政和末以朝奉郎卒救撰附傳甚詳觀其集

中乃有使遼作十四首不知以何官出使跂志亦未及也有趙

德甫金石錄序又有劉跂秦金石苑序其人蓋亦長於金

石故證提要謂其詩亦黃庭堅黨江西宗派圖中不列其

名殆以學為朝黨門戶不同此說非是跂與劉貢甫有倡

和既類與滹南翁並列為宗又不能廣展擴派安得以江西之耶

初四日晴

復高陽及伯潛書吳清卿書来以人言辭節幕爲之惘惘是夜與合肥商定遷居事宜

閱南陽集宋趙湘撰方回所謂清嚴密審者也其詩如送人南游云僕懶攜書劍驢幽帶骨輕目架云洗池秋留月移菊夜棲螢贈省安上人云夜講疏飄月晨齋鼓入松等句均有晚唐風味虛谷謂瀛奎律髓取其微近深雅者錄兼蓋湘所長固然其文亦有李習之孫可之遺意張穆柳一流也湘字雅靈有迎富文正與送窮作對

初五日晴

合肥以海防公所函見示午後同楚寶往相宅晚贊臣來談

初六日晴有風

午後至海防公所得雲舫書

初七日陰

午後至海防公所摺弁回得廉生書並東蘭亭二種連日以俗事擾擾未能靜坐讀書也

初八日陰微雨即止

寄九弟書

南史崔祖思傳宋議封齊高帝為梁公祖思啓曰讖云金刀利刃齊刈之今宜稱齊實應天命從之又曰眾議將加九錫祖思獨曰君子愛人以德不宜如此帝聞而非之曰祖思遠同荀令豈孤所望由此不復處任職之官臺建禮見甚重垣崇祖受密旨參訪朝臣祖思又曰公退讓謙節故宜受之以禮崔文仲与崇祖之意同及受禪文仲崇祖封侯祖思加官而已夫祖思引讖以勸道成固明著齊當代宋何於九錫文獨異議思謟於齊思忠於宋反覆不倫且以本紀致王齊公九錫之命同以昇明三年三月甲辰不應祖思勸作齊公獨阻九錫而南史敘此在道成為齊王後尤為紀傳

自相違戾也南齊書無之瑞李采異同而誤王祖思啓陳政事南
齊在建元元年上初即位南史作武帝即位上下互異

初九日陰

花農楚寶椿霄均至
閱南史江祏傳悚然於倚伏之理諶有莫之為而為者蕭鸞不臣祏
勸其以赤誌示人及太史密奏圖緯一錄以十四年自以為根深蒂固
臣主俱榮矣乃明帝遺崩祏受顧命竟為東昏所殺豈非天道
好還哉尤可異者明帝欲以劉暄為雍州暄希內職祏以暄相
得州便謂為解上默然遂用梁武使非祏為暄地梁武不得雍州

何以能成篡業是祐以相雨明帝之篡旋以相暄雨梁武之篡雨祐初不覺也暄本出鎮旋與祐兄弟受遺輔政因議廢立不協暄告祐謀祐祀因日見殺使暄主雍州無由因受顧命祐立遙光未必兩敗是祐留暄之策為暄地即為暄殺祐地而祐亦不覺也豈非天奪其魄冥冥之中報應不爽哉暄亦旋為東昏所誅南史謂暄聞祐等戮眠中大驚投出戶外問左右收至未良久意定還坐大悲慟曰不念江祐目痛也齊書無之案暄告祐謀何至驚駭若此蓋恐祐亦發其謀耳小人固殺而不同少事之有無不足深論要足為陰謀察察之戒

初十日晴

趙燧冬自浙來午後至公所与楚寶商定各屋窓廊頂節得

載之書云南中喧傳余主鍾山講席

呂淨德集中有乞降詔舉郡守狀曰及郡守之濫云王子文前知華州有百姓過狀者子文先問其人年歲生月日時為之算命告云汝今星辰未佳必不得理且休過狀又因新戰行杖生疏子文下廳親決一杖示之又若知懷州霍廣臣者知有州每日會設優留數盃折請佐官又若知海州趙彥若者榮為事為子法文者婦法於之知廣安軍張堯士者喜見佐同族好詩族諸鄉以

溫成皇后真容示監且又嘗差侍尉分往村鎮販賣諸物閱
市易之患又嘗因病殺牛祭鬼獲罪者甚悉士民亦能有病何
以正服藥休殺牛馬日東鄰殺牛不如西鄰之禴祭大知彰
州此類多不知疑作否闕之可入笑史亦明諸之皆是集居
論東坡之為蜀黨中矯矯者其於蜀茶利害言之尤頭
屑詳盡今日以茶稅為通商大宗不知榷茶稅宋時何
如思校之戶部稅何與否集一勘證之大氐收助鹽計先
在不擾民不病商若今之蜀鹽則盡奪商利隸公度
亦不能持久以利之所在民必趨而爭之耳

十一日陰

翟梅巖來去年江南十九名舉人午後文芸閣自籍入都晤話徐鎮送隋輓十餘方

十二日晴

琴生之母八十撰一聯送之並致食物樓之竟日潘子俊來答介庵

閱張文靖守昆陵集有章政平刺血上表乞父北還表跋云壬之爲親訟冤者有矣刺血之詞則未之前聞故河中使君章公者愛天至功與事能阻格而上之章之明年乃相與歸莊豈偶然也哉襄封既達御府後三十餘年以隸公家尤異事也其子佽出

以示余曰此非此手澤也遺墨也藏中笥稿思遺逸乃命龍石
而摩挲先塋之側且摹稿以傳不朽命余題聞公牧吳興時余
前鄉掾受公之知之且吾於史傳云葉政平為撰公知貢舉所
得士其文卓然似蘇文忠老杆而能動劉忠肅且撰公由嶺
海歸來政平啟青實有為其文文過乞憐之意文之杆不能
掩其子之者更有此節其六子謂蜂蠱者未范忠宣南
遷諸子乞以自湜此不合亦免忠宣不可大政平劇應不知
子厚知之者此又見小人一遭集羅無所不至當日元祐諸
君紛紛援領表人余有子不知其公此時一動念於乎

十三日晴

洪翰香來，午後鄭守煥來見，還居之說，余心中悔

閱蛾術編王西莊稿，而迮鶴壽參訂者，原本九十五卷，迮刪其說刻十卷，說系三卷，說刻見金石粹編，說系迮以為宜入家譜，今則無從訪供矣。刻前輩之書，最忌改頭換面，而迮君乃頗不滿於西莊，以其議元凱、劉歆、九峰、安溪為過分，力斥亭林、東原為妄人相輕之習，於原書頗多刪節，而下附案語，其中正西莊之誤固多，而西莊不誤，迮轉引誤者亦復不少，正人心不同，各如其面，西莊駁杜蔡於鄭，迮則議之，而迮之指摘西莊亦多過當之處，何也？如

卷二南北學尚不同條王引陸澄與王儉書云王弼注易元學所宗今若宏儒鄭不可廢述云徧檢澄傳並無此語未知從何處採來案南史陸澄傳與儉書王弼注易元學之所宗今若宏儒鄭注不可廢述但檢南齊而不檢南史乃敢於譏貶西莊謂其從何處拾來真爲巨謬卷七十六王論杜送孔巢父詩云題中並無蔡母此詩中實出蔡侯殊無理別本無之文太倩述云蔡不過餞行之人故題中不列至謂別本無之則託言也案王洙引別本止十二句無蔡侯兩句據注引之此非僻書述竟未寓目而武斷以爲託詞以己之孤陋而嗤前輩之虛造可鄙也其它類此姑摘二則以爲臆改前人著作者戒

豐潤張氏澗

十四日晴

穆小豐來午後過晦若芸閣勸其學佛借指月錄觀之儼翰來

芍人孫琴西先生所藏宋元本十二種恩付寫官

公羊疏唐志不載崇文總目始著錄不著撰人名氏或云徐彥董

廣川藏書志亦稱世傳徐彥不知時代意其在貞元長慶之

後據要因卿之戰一條猶及見孫炎爾雅注完本知在宋前矣植

汪一條全襲楊士勛穀梁疏知在貞觀以後中多自設問荅文繁

語複與邱光庭兼明書相近亦唐末之文體今從道說定為唐人

王西莊蛾術編以為北魏徐遵明所作迮鶴壽駁之阮氏校勘

記以其文章似六朝人不似唐人王說亦為無見按此史及魏書徐遵

明讀孝經論語毛詩尚書三禮於唐遷蠶舍又讀服氏春秋於趙

世業家手撰春秋義章三十卷是所撰者左氏服義非公羊何學

雖傳序有公羊傳大行於河北一語不得據以為遵明作公羊疏之證

惟梁許亢善公羊亦不言其著有義疏是王說亦屬武斷隋

書經籍志何休有公羊問答五卷荀爽問魏安平太守徐欽答二卷

晉庾翼問王愆期答亦是問答乃公羊家法之類以兼收書例遵

述為唐末之人隋志有春秋公羊疏十二卷不著撰人姓氏疑即此

書耳

十五日晴 丞夜月蝕

復吳誼卿書小雲縣回里介廣翰香晉臣先後來

閱止堂集彭忠肅龜年撰宋志四十七卷今從大典輯出僅十八卷矣觀其光甯兩朝所上各疏悱惻之忱剛勁之氣百世下猶為感動而光宗竟不過宮甯宗竟惑於平原竟不能容一舊學屏棄正士安得振作有為哉集中有嚴刊時文疏云自古文士多出東南東南之士不患無詞藻惟患不篤實今居東南之地用東南之人猶病其不文可不深究所以然哉識甚切至可謂洞見癥結矣

十六日陰微雨

因贊臣至海防公所劉永詩自都回吳摯甫及范肯堂來趙燧
冬久談夜過晦若得柳門書
北堂有壽張京尹七絕十首其三云四百山河殺帝京紫巖有志
未全伸知公久抱中原略日日樓羅度外人頗得南軒志董南軒承
魏公之學以恢復自任其氣象闊大似之而精密過之其於江陵
府鄂某所緩急有係塞者應以此間出門取平原去襄陽僅
六百里所恃者襄漢之間宜折衝捍禦耳太尉當力任此事
要兵要糧以當往助若教賊入肝脾裏人以民稱何守備

為和未劉在張張安國皆有緩急移保江北之論乃大謬也賊到此地何以為國守臣惟當握節而死鄂為悚然嘗與朱子書曰祈請竟出盡顛倒狀情極可憂其決南士蓋會慶在近不忍見大使之至也當南渡之日正當以制敵復仇為學問此即是性此即是仁其對孝宗所謂上念祖宗之仇恥下閔中原之塗炭惕然于中而思有以振之此心之發即天理之所存也南軒可謂識時務之俊傑矣黃梨洲謂南軒早知持養是本朱子默擬平日一段涵養工夫晚年始悟似未免張皇朱然宗傳南軒之所以不可及處

十七日雨夜雷下雹一陣

永詩來談李子木觀察自山東來夜得菁彩書黄臣過談

王晞苦辭侍中曰非不愛作熱官思之爛熟耳此識處亂世之法但少游翟諮與盧元明魏季景結侶同契往天陵山有終焉之志如果知幾遠引終身不出豈不更高乃委曲於顯祖昭帝之世屢被杖脫實爲居摩攝政勸進實爲逢惡首謀既不欲作熱官亦何取預人家事尊以不義也流連魚鳥或厭飫猶是儒緩而終不見誅實亦幸免讀北齊書天地變色無紫人主趣晞頗有黄老術故備論之

十六日陰有風

藐農來李襄廷經籓汪柳門鳴鑾筱公之壻柳門姪伯田海道入都過此

閱趙蕃乾道淳熙章泉三稿蕃字昌父晚受學於朱子周益公與先生有州里之舊先生意有不可寄詩有云如在廊廟哉遂筆戢之由益公居相位屢加薦引竟不受其品詣可想劉宰所撰墓表視宋史本傳為詳朱子答徐斯遠書云昌父志操文詞皆非流輩所及正欲其刊落枝葉就日用間深察義理之本然庶幾有所據依以造實地不但為騷人墨客而已先生樂善嗜學老而彌篤所居日新齋可謂好學益臣

十九日晴

答李汪因過晦若略坐夜閱石巠詩略有所得

攻愧集一百二十卷武英殿重編本刪去青詞朱表齋文疏文之類一百六十七篇叢傳抄本僅存四十餘卷此本與宋志及直齋書錄解題所載相同諒為舊帙孤本中缺七十七卷七十八卷而五十六七十三七十四六有缺篇何以不從大典細檢乃云無從校補殿本例芟青詞並從大典輯出者不存可也無攷就原本芟削不能逕補一篇而反雜削其舊當時編纂諸臣亦未免過於畫一不知愛惜舊本以致失其真面耳

二十日晴

至大悲院午後洪魯軒及蕢臣來宗錫堯年自滬至復柳門及雲舫著

攻媿題跋數卷美不勝收其跋樂天集云周公恐懼流言日王莽謙恭下士時若使當年身便死一□□□□真偽有誰知大在王文公集中不知香山詩也又跋付官奴樂毅論云半山集中有江鄰幾邀觀三館書畫詩感云梅聖俞作有云羲獻墨迹十一卷水玉作軸排頭頭宸奇小楷樂毅論永和題尾付官奴當承平時以論猶有真蹟耶此二則可入荊公詩注

二十一日晴

宗子戴來午後堯瑒至

閱彭城集宋劉攽撰貢父以不能奉行新法黜元祐初孫覺胡宗愈蘇軾范百祿交薦之集六十卷今大典輯本僅四十卷提要稱其在北宋諸家軼三孔而陵兩宋蓋盡其兄公非言之其重黎絕地天通論云重者治神之官黎者治民之官民神易治則幽明不相亂清濁不相惑以是謂天地不相通又作桓公不用伊尹論云孟子嘗言伊尹伯夷柳下惠三者皆聖桓公時柳下惠為魯士師桓公審能用伊尹則胡不求展禽而相之意極快論王

深甫無以難之不知東三暨不主桓雖破用之如患不入膏何此亦屢詞攢難未足以為定評者耳大有設常侍郎詩謂鼂錯變古亂常不死則亡似刺介甫文法書李廣傳後以廣自訟殺降不封為篤厚君子亦刺當時之開邊者余最喜其處士論兩篇上篇謂處士非明君不出以挾制為論証闡世主者為純盜虛名下篇謂以處士之風流而與游俠同衣食必甘美居處求供坐內有聲色之奉以為常虛聲以誇人而目我高尚不預事則孰不能為處士此兩作非猶捫宋士習一筆抹倒千古儒修宜奉為龜鑑焉

二十二日陰

午後永詒來留宗錫晚飯

閱公是集亦大典輯本侍讀之文從經術出朱子謂其氣平文緩比蘇公有高古之趣余昨涉其論覽篇篇皆可讀尤喜其仕者世祿論為士士之子恆為士世世有祿非世世其祿足以破世祿之家鮮克由禮為偽古文又與春秋譏世卿不相背體相與為人後論解與作亦求為人後自是背又與戴宗與漢儒之為人後者迥異公非序謂其殽百子云郭傳可以折衷六經極帝王之道功可以擬孔子自非虛譽也

二十三日晴

過瞻若丹曾目同至晚嘉錫辭行趙學乘有專差赴山東

附寄菁衫書

少是有讀漢書一篇云明燈一編書積古千歲事值歎掀髯笑

顧慣還果歎四旁寂無聲童僕正熟寐歡快殊不同趣

孔平和氣可憐自戕伐如之老將至及愛重僕安冥然不識

字又有讀三國志一首云獨夜一卷史上尋千歲間味嘆興廢

更悅仰雅市還在人病無間至智矜以先共業無窮郭中正如

於露然內觀仍若際自以諸萬年逝來令人悲慨妯由過目前

安得諸深伐篙葦凌九天摘者以絕句寄小峯同隱二詩非不蒼莽然第一首作讀國志第二首作讀漢書七亦無不可即作讀他史亦無不可蓋謝農卿精兵之筆耳

廿四日晴

姚子讓孝廉來旅文炳上海人 陳文祺自閩至 姚子讓來年欲延課西兒故於昨日一見之

褚李蘇教官成允書來乃廿五年前書院舊友也頗其為人

與齋先生詩集詩二千餘首可謂富矣

宋人集中如恥堂集南澗甲乙稿均有進故事今日摘進

此即日講遺意以此法讀史日摘數事久而自當亦可為

讀書法也
恥堂集宋高斯得撰邛州蒲江人官至參知政事為留
夢炎所擠罷官予祠家居隱居苕霅間而卒其父稼端
平間知沔州為元兵戕殺可謂忠孝世家矣按安稱其於
沮于史嵩之中厄于賈似道晚擯于留夢炎不得大行
其志惘悵憂國之念一寄於詩今讀其集洵然而其所
進以事或引漢唐或引本朝先正溫以指陳時事其
取愠於群小未必不由於此叔季之世未嘗無人病在小人
乘權沮厄君子而國事隨之可勝浩歎獨一恥堂哉

于艸堂石影

二十五日晴

介庵來贈杜溪集宿松朱書著

耻堂進故事引哀帝時鮑宣疏云今朝臣亡有大儒骨鯁白首耆艾魁壘之士論議通古今喟然動衆心憂國如飢渴者又引順帝時李固疏一日朝會見諸侍中並皆少年無一宿儒大人可顧問者此識排李一轍頗近有貌為大儒於孔光胡廣一流則又與鮑宣李固意表矣噫少年以外戚嬖倖進誰不足與謀國而以偽君子為老成真弊亦有不可勝言者知人誠不易哉

二十六日晴

條堂取任以元本文粹及劉須溪評點王荊文公集來售文粹余已有之王集愛不忍釋

袁爽秋前集跋讀翁恤以語翁論為人父母非陸獄來監之謂為非是其言曰獄訟得情亦豈敢以其莠急務而勸學養士等而抑揚若是不亦偏乎先聖言兵食可去信不可去豈謂兵食果可缺哉如是而觀不以辭害意讀翁之說亦無可議云余謂讀翁之意於本朝取精人才於不收而專而敎術之耳以實效之讀翁亦文人非真才亦非有道大儒其說本不足據

二十七日陰

答介庵趙四赴大沽來辭往送之適在介庵坐與仲彭共談一時許而散　秦編修綬章　有書寄湖南闈墨兩冊去年副主考也

袁文跋語翁帖謂語翁書大率豪邁放肆不能用古人法度雖意乎不循有戈戟縱橫之狀此帖乃能斂以就規矩本心之所形也辰丙賞云余謂語翁素從褚書處處均有規矩以為豪邁放肆乃皮相也以為出入蘭亭亦皮相也即此可悟語翁之書正當於規矩求之勿徒賞其縱橫

廿八日晴。夜雨。

盛杏蓀由上海回任。午後何士果、羅與三均由粵來。陳錫純者，月湖師老友，程慈從營務處來談陸師家事，言世兄養泉甚佳，惟老屋之六至晚。容氏來辭赴都門會試。

與三以黎二樵評長吉詩見貽。今日同時何士果、陳葆初話平生師友家事，頭緒紛來，意多感慨。嗣以長吉集目還。余所藏有王琢崖、陳素村兩本，王注事實，陳闡詩旨，黎則專評詩之工拙，合此三本可以得協律之真。除矣，學古人須采其精華，遺其糟粕，如玉之瑕，以金去礫，守一先生必為疵類。

姚羹湖文燮昌谷集注凡例云昌谷生二十七歲並無年譜可
攷杜牧之序在太和五年稱賀死後十有五年自太和五年溯之
賀卒于元和十二年丁酉又自元和十二年溯之是賀生于建
中二年辛酉王琢崖云長吉之生當在貞元七年辛未歲
至元和十二年恰二十七年蓋云生於建中辛酉則多十
年矣案賀之年新書作二十七舊書作二十四玉谿以詩與新書合至
七歲能辭章韓昌黎皇甫持正不信同往造之賦高軒過
自述有名以辛未生計之七歲爲丁丑是年昌黎在董晉幕中
及爲張建封紀至京師賀九歲矣亦可備一說也

二十九日陰

得允言書復戴之一緘夜小疾向明始瘉

閱南澗甲乙稿宋韓元吉撰宋史無傳乃維之元孫尹和靖門人而李之友也官至吏部尚書其子淲仲止亦清介自持以詩名于宋季朱子語類謂无咎詩做著者儘和平有中原之舊無南方啁哳之音云其集久湮從永樂大典輯出詩賦六卷詞一卷文十五卷其談鬻子一篇余已采入鬻子注中而擇其稍有關係者於左

无咎舉自代四狀一舉吏部員外郎王蘇嶠議論堅明操

履純正名臣之裔緯有典刑一筆傳曰得元祐曾任中書傳
堯俞之後請康首立死節傳密之子敏于文詞通于政事一筆
鄭見義可權從違知先化單薄質純厚力學能文累任
遠地不幸屢免務以職業自修其一則朱子也其傳考
云氣質端方識論通亮安貧守道力學能文蘇傳
均元祐名臣之後鄭見義乃與朱子同有力學能文之
考語非凡才
元答有答朱子書云嘗謂學者要須有得始能自信故易
與中庸大學中皆詳其說孟子又發明自得之說昭猶默識非

以身之學矣至于自信則所謂考諸三王建諸天地質諸鬼
神百世俟聖無所疑惑然後可也語殊有味
朱子力辭任命謂朱命出則不能進寢則請以畀祠官免
然陵者云嶽祠須自請朝廷之意雖未可知亦不應使以嶽
祠除下出謂無用於世非以士大夫流不知元晦平日所學何
事頗深故聖賢用心處不應如此盡激取嫌於人也與世推
移蓋自有道要不失己徇人于道不虧便覺處之費力
耳似亦深得聖賢出處之道語氣移為和平
集中有上賀參政書國家越在東南垂四十年矣請和之議

于艸堂石影

與西敵結好又二十年矣果以和為萬世策則自古無倚人為敵而立國者以彼自治而款之則二十年之間不為不久何勾未發也越十年生聚十年教訓二十年之久矣其為謀我之大二十年之久不知所以待敵者自毋愧于越歟議者徒知歸咎秦檜之死五年矣國勢強弱視敵若何夫講和之議亦大失也敵雖貪欲一旦許以還母后復梓宮休甲兵而謂之和亦何說以拒之其所失者歲入之幣雖不當甚厚以困吾民亦豈甚賤非至和者其于敵以梓宮母后為辭迫我以不得不和之勢欲為高宗原亦尚能謀其始以

蜀既和之後淺之魯之遂以為長治久安此則從來議和之弊往往如此

其書又借三國為喻云三國之時吳蜀皆欲取魏並魏卒不可取者蜀不能有吳吳之不能有蜀吳蜀通而魏病大敵據中原猶魏也今南吳蜀之勢反不能取魏何也關羽取襄陽魏幾移都以避襄陽蓋吾有也劉備取漢中操猶不能與抗其後由此出師關輔響震以漢中蓋吾有也荊州之地魏得之以制吳蜀吳蜀得之以制魏以荊州蓋吾有也所論形勢瞭然無如畫疆自守者何

又上自治三策曰人曰兵曰財其論用人之弊共謂武臣無功而予之官職予官而實其之闕地其論招兵之利害曰西北兵是召募東南之人與西北子弟籍多不務精其論聚財之後為則尤極言諸軍之偽務余以為與今日輿論甚合無功得官大之海軍濫募冗散大之淮湘各軍而偽券之弊則水陸皆然以伏目強形畢處不可用也

集中有孟子論數既性善之旨曰言天之道莫辯乎易欲知人性盡觀易之所謂天乎欲知人性之善盡觀天之所謂元乎元者何謂太極未判陰陽未形于是有理焉聖人無

以表之故曰元元者善所由來也人之性有以異於此乎善無要
累之未形于是而有理焉故曰善善之者出于元者也惟易言
之惟孟子能之荀况揚雄其皆未達於易乎寀趙岐謂孟
子長於詩書七篇中言春秋言禮獨未言易今以元善之說推之
繫辭上云一陰一陽之謂道繼之者善也成之者性也孔子繫
易已明之揭性善二字以示天下後世孟子得之揭出以詔後學
正是生平學孔真傳此性善二字乃是大易至精至微之
理趙氏僅謂孟子長於詩書不知孟子實長於易中
庸足以證易不知孟子亦足以證易既發之讀者自閱矣

于艸堂石影

三十日晴
清明設祀有感橫生午後仲韓入都過此得廉生複書
過晦若少談
閱雪山集王質撰質隆興間為太學正上論和戰守疏曰前日
庸相持陛下以和和之不成後持陛下以戰戰之不勝後又持陛下以
守守既困而退又持陛下以和陛下亦嘗謀察和戰守之事乎
李牧之在鴈門法主乎守守之乃所以為戰祖逖之在河南法主乎
戰戰之乃所以為和羊祜之在襄陽法主乎和和之乃所以為守
是和戰守本殊塗而同歸者也後之李忠定能戰而不能

私不虛重規疊矩矣

嘗有張益德廟記其言曰敗曹公也其人爲周瑜亦臣知之說孫權也其人爲武侯亦臣知之以舟師濟先主也其人爲壯繆亦臣知之至斷橋卻敵以免先主之未有明爲當陽他功者微公先主爲虀粉矣武侯壯侯安在哉而況赤壁耶又云先主北面以爭天下中道而失壯侯實建安二十四年也東向以爭於南中道而失者實章武元年也不二年無兩者先主身老志彫而形勢之差已焉天其不欲也武侯上失先主下失而以爲黃忠之卒以壯侯死之明年馬超之卒以其死之明年異哉其

參會也漢之羽翼其珍矣又有雷池昭勇廟祀神爲甘興霸
其言曰吳所以興有其人焉不能退曹公使曹公順流而下吳
必亡其退之者周瑜也不能謀關公使關公卷襄漢而上
吳必亡其謀之者呂蒙也不能郤先主使先主順流而下吳
必亡其郤之者陸遜也不能取黃祖使黃祖據中而主吳
必亡其取之者甘也魯肅也又云漢高帝之興韓信壇上之
辭也漢先主之興諸葛隆中之對也吳大帝之興甘所
建取武昌并荊州之議也周呂魯陸班也陳武淩統黃
蓋蔣欽非班也兩文同一機軸說來殊如火如荼矣

豐潤張氏澗

侯以舊相關必並提尤先興霸則積遺美耳

三月初一日陰日有食之

翰香來始嘗時魚

姚春木有樗寮詩話三卷其論詩一宗惜抱無甚卓見其一則云洪穉存文長駢儷於散體非所究心晚年爲過崑山感賦二絕云人言太僕繼南豐微覺前賢面目同我讀亭林居士集不求工處自能工似以矯桐城之流失並古文一事正不在書多學富惜翁論書云雄才或遜古人鋒真派相傳便繼蹤太僕文章宗伯字正如得髓自南宗其言自平允也隨園論

文與望溪異趣而於𢧐詹事之議方甚有微辭可以知公論之不可廢矣此守一先生所謂暖暖姝姝者也歸方自是文之一派必天下人同出於其塗始曰謂之古文所見殊隘陋惜抱於唐宋八家外一筆抹倒直接歸方一若有統緒相傳者然則茅鹿門竟是古文宗匠之論矣古文不在書多乎富之一偏之論要如考據家之堆垛穿鑿此誠疏陋而非古文若無萬卷書為之融會則辭不能達意不精卓未有不寒儉枯窘者桐城派輿大率病此樸大防江板詩何人擊碎珊瑚樹惱得爐邊面發紅極粗獷而春木以為佳內其論詩亦不謀也

初二日陰有風

復廉生書贊臣來夜過仲彭

明憲宗初政尚守成法乃其後有漸失本真者吾不能不歸罪於内嬖也太監梁芳以諂事萬貴妃務為淫巧日進珍寶致內帑七窖金頓盡而帝亦不罪萬安託為厭勝以淫藥獻媚即繼曉亦以秘術因芳而進夫孰非萬貴妃從中主之刑部員外郎林俊疏繼曉梁芳罪狀下錦衣衛獄拷問經歷張黻救之亦下獄懷恩力爭免誅仍各杖三十人直聲震天下而帝之共謀可歎矣從來内寵干政未有不以奄寺為耳目者奄

寺齋權未有不藉全主為羽翼者況外戚鈎連援倚蔽惑使其主蔽目塞聽雖有讜言焉能進此苦口之藥若戲其時萬安納曩罕弄重賄別立安撫司授其子思柄陵木邦諸部擾攘用兵數十年而孝宗生已數齡始能識父且其子乎不能庇其母萬妃之罪上通於天矣其不亂者天幸也英宗寵用王振以致土木之難本無所謂詭謀譎撥景泰之廢憲宗而立其子于忠肅所以不力爭者蓋必有見於憲宗之不堪負荷而甚無如景泰之基構更薄耳觀成化稗政殊恨恨此一移前明衰弱之階所由來者遠矣

初三日晴

過晦若崔惠人來洪翰香陳蓀初踵至

明季開鑛之害最為秕政王錫爵申時行均力持之既而國用

大璫營建兩宮計臣束手前衛千戶仲春復請開鑛助工帝

遂俞允由是目礦稅以至河南雲南無地不開中使四出給以關

防甚至良田美宅指其下有鑛脈後又增設稅使民不聊生其

弊若此嘉慶間欽定明鑑引乾隆御批以為朘削元氣誅

聖謨也惟以今日時勢而論雲南銅鑛商疲岨老五金之脈無

從采訪而煤為軍事命脈非此則機器輪船無由運動

不開礦則無以足用開礦則效甚微而害亦甚重雖不至
於明之中官四出恐擾而民間亦不以為然其故何歟曰此
皆奸商之故也明之奸商恃中官今之奸商恃洋人誅奪
其所恃於西北荒僻後以官帑開礦未必無利大抵人居
益稠則礦苗亦即銷化開礦不宜在繁庶之區而當在
荒僻之地西北自甚於東南試以煤論山西之煤甲於天
下其明證也誠能通山西煤礦之路使機器得入煤礦以
出則幣不外耗而國亦日富日強此事余在譯署嘗
極論之惜孝達旋去不克有成耳

初四日晴

眞人復來合肥邀因小酌談其家事鄙吝殊不可耐午後竹庵來談得雲舫範孫書範孫寄著擬十餘種

繫辭作結繩而為網罟鄭氏於結繩無注其以網罟釋之上古結繩而治正義引康成注云事大大結其繩事小小結其繩不意高密大儒乃為此不根之說桀後之結繩即前所謂作結繩書契之比即從結繩悟入所謂道繇於一也以一貫之謂之王貫即繩也余意結繩乃算學之鼻祖服注結之文也以繩之文互為算算上以觀天下以測地繩作子狀檥進之器以迎會陽作九九之數以合天道易稽覽圖天地開闢五

豐潤張氏澗

緯各在其方之伏羲氏乃合坤坎陰陽伏羲之九部而氏易理故至
今論天文必云經緯真度猶謂上古之文繩之名以其誤也此章九
章聖人發揮剛柔為象之理以八卦爲八書契經而以結繩之
若傳為圖書而數則以造一範之用而已何必重之爻故即以九章之言之
自圖書外舟楫未耜弧矢何者離坎乎文繩之法自此則一切後
來之中西算術一以貫之矣餘氏既名本取象全此本意而漢
易家諸經開闢造說結繩精意乎左並錯為而皆也漢書
但云作圖書以田漁取犧牲故天下號曰犧牲氏竟將作結繩為八
卦全行抹殺尤謬

于艸堂石影

初五日陰

龔厚菴来言將設土藥税局於宣莊並云水田萬畝僅存數十頃矣摺弁劉彬入都寄廉生書

洪齮孫補梁疆域志第一條揚州々治引通鑑元帝承聖元年九月以王僧辯為揚州刺史二年正月僧辯發建康陳霸先代鎮揚州 九月詔僧辯還鎮建康以明州治之在建康耳然則乃元帝以後之制武帝世刺史率以諸王々領之太祖五王傳臨川王宏天監元年至十五年普通元年 復七年二月解州 南平王偉天監六年 還刺史未許 進中權將軍節文紀 普通二年 高祖三王傳邵陵王綸大通

四年 哀太子大器 大同四年 蓋高祖以揚州牧受禪故為諸王領

官其中間偶以命諸臣則不云刺史天監十七年昭明病免則以蕭景

為安右將軍監揚州普通元年遷郢州去 按武陵王紀傳天監十三年揚州刺史武紀大

同三年以前揚州刺史武陵王紀及為揚州刺史紀不詳天監之命而傳

不詳復為揚州段疏之例附著於此以備考

迄梁之揚州承宋制寄治京邑及元帝都江陵始正名以便辭

為刺史治建康不當以後定前也畺域本不當論官制大輯

諸書而少斷語特不詳志其沿革則論之擬再詳考王汪

梅村南史北史補志則攈八書之志而奮筆之更有抄攈之

功而少疏通之處其地理之學不易也

初六日晴

惠人來談李鴻藻徐郙汪鳴鑾楊頤為會試主考是科無一滿人

閱明史擴廓帖木兒傳（附王保保）太祖心敬擴廓一日大會諸將問曰天下奇男子誰也皆對曰常遇春太祖笑曰遇春雖人傑吾得而臣之吾不能臣王保保其人奇男子也按保保之奔和林後元太子嗣位復任以國事太祖遣徐達李文忠馮勝等將十五万眾至嶺北與擴廓遇大敗死者數萬人劉基以擴廓未可輕帝思其言以諸將輕進無謀致敗是擴廓實能支殘元之國脈折初明之軍威銷平

於洪武八年實元之孤臣也其傳宜附于元不當廁於陳友諒張士誠之後一卷明史館臣以元史脫遺故與梁王陳友定合傳耳然亦當名曰元之二臣傳以別之凌仲子有撰廠論之意同

明之興元梁王以雲南後亡卒死於普甯及明之亡桂王亦以雲南後亡卒於緬甸誘執何其結局相似此理之不可解者吳三桂則世沐氏不成流為叛逆亦可異也史臣敘蔡子英事於王保保之後謂元蹕塞外一時從臣必有賦式微之章於沙漠之表者惜其姓字湮沒不得見於人間斯真史家卓識惜當日不效之蒙古諸藩稍闡潛幽光采耳

初七日晴

寄爽秋琴友書為亟入了一家事也許仙屏寄王女史采蘋讀選樓詩集二冊高陽書來乃初五日所寄

明仁宗享國不長亦無失德並觀李時勉所疏有諒闇中不宜近妃嬪語則盛德不無可議洪熙病久體肥或與傳聞之謗殆不可攷矣李忠文只以此疏幾死於武士之金瓜又幾死於指揮之縛斬西市而仁宗既崩宣宗以及皇太子不宜遠左右一語太息稱其忠以官復職其遭際與魏之鮑勛正相反也時勉忤王振被枷有石大用者上章願以身

代太用乘邑人樸魯普初不為人所知及其名動京師明年中鄉試官工部主事告邑數多俠士因歸之後復得大用之子傳也忠文為祭酒列於政謀正明歸訓勵諸生人以比太祖紀之宋訥惟其直節重於為士類所依歸故諸生亦多自勵於名行大成均為育才之地而日成所尚徒以文字號長為政校於斯浮華競進樸學不興諷春華秋實兩言深為慨然故近自肄業卒南生而少壯人也

初八日晴

奭八辭行，走日輝至忌日，閱甚略，過介庵、晦若雜談。明之賢祭酒得南陳北李。陳者陳敬宗也，顧李以許王振，目稱陳不謁王振。及振賂女錦羊酒求書程子四箴，敬宗亦爲書之，卻還幣不往見，較之北李似遜一籌。又有魯鐸者爲司業，以李賓之生日，與祭酒趙永偕其門生相約以二帕爲壽，比檢笥止有絲帕一，鄉有饋乾魚者，盡以往，詢諸庖，食過半矣，以鮮請不饒，李喜爲具魚置酒留二人飲極歡。此則矯激取異，與夜飛遺之微者等耳，君子不爲也。

初九日晴

賁臣來談仲儀官兩兒學業進境爲之慨然

忠義之後必顯無錫嵇氏累世相業實基於留山先生先生名永仁爲范忠貞承謨客先是留山父中書君與范太傅有舊留山客浙忠貞邀之入閩意不欲行中書强之遂與忠貞均爲耿藩所幽忠貞殉節留山亦自經死同難者會稽王幼譽龍光暨閩沈天成上章也及文恭貴刊其遺集曰抱犢山房王沈詩亦附焉留山沒時文恭才四歲母楊氏茹荼撫孤以至成立云又有忠貞族弟承譜亦同殉者惜事實不傳

初十日晴

得廉生後書云買得北魏寇謙之西嶽寺碑海內孤本也劉幼農序班慈臣來見其父毓敏丁未貢士庚戌進士曾隨　先人在皖由徽州送喪到嚴嘗一見之甲申年卒幼農今三十三矣嘗入邑庠　陳介庵辭行

後漢書楊終傳受詔刪太史公書為十餘言應奉傳注袁山松書曰奉又刪史記漢書及漢記三百六十餘年自漢興至其時凡十七卷名曰漢事以馬班之史而楊終應奉敢於刊削豈非妄誕至於經生亦並張霸傳霸以樊儵刪嚴氏春秋猶多繁辭減定為二十萬言桓榮傳子郁傳尚書榮受朱普學章句四十萬言浮辭繁長榮入

撥頭宗減為二十三萬言郁以刪省定成十二萬言其它讖緯律本刪除複重者不一而足是西漢治經西已為東京改換殆盡不待六朝矣安知所謂繁辭中無微言大義乎

十日晴

袁敞之來送介庵行永甫梅若過談陳葆初潘子靜洪翰香均至擾擾竟日

閱孫豹人溉堂集溉堂者取誰能亨魚溉之釜鬵意焉恭志也其人豪其詩亦粗祠近稼軒陳迦陵序之曰李自成亂孫子結同里少年殺賊天陰月黑墮土坑中追者垂及屬有天幸得不

死後走廣陵學小賈則傾諸中賈稍學中賈則又傾諸大賈
三年三致千金五日出北郭胡鳴箏跕屣之相隨屬者踵相
接也一旦忽自悔恨曰丈夫處世既不能舞馬稍取黃金斗
大則當讀數十萬卷書耳何至齷齪學富家為於
是自秦隴迎婦僦居董相祠旁閉户讀書家漸落矣集
中有塒齋記大率為諸讀齋之旁歸養雞豚日塒齋耳
噫士不讀書不能明理而徒讀書不能治生豈唯貽人
哉余以耽書故書日富家日貧才六日短欲與古人爭
一席而一切世事概閣置且不問書之中有窮務道焉此誅

非計之得也殷殷於楊惲之法生則又恐汙辱爾禍甚矣
世道日非誠無措手之處耳
十二日陰微雨
伯平來同至晦若處
晦若近談禪理偶詢余龔定庵抄本集中有神不滅論釋去
江良庭藏鄭鮮之此論以難必答三千名有奇宋楊傑序宋
槧本也因究神不滅之論起於何時余不甚信釋氏說以為
此南北朝一重公案而已案桓譚之論形神雖本莊氏已近禪宗
晉釋慧遠沙門不敬王者論其五篇云形盡神不滅以為火

之傳於薪猶神之傳於形」其後鄭鮮之作神不滅論宋書南史鮮之有傳
論見釋藏軍五及宏明集五 五難五答一千六百名有奇不同宋槃超宗顏推
演之抑叔釋藏節刪之並五難答為四難四答不同張宗廣誤
記也羅含更生論宗炳明佛論均持此說梁范縝有神滅論
以難竟陵子良集僧難之而不能屈其後梁蕭琛曹思文沈約均
有難神滅論曹思文有重難神滅論 梁武帝有敕答難神滅論休文並
有神不滅論均見宏明正續二集宗廣至以游魂為變援經以證
其說並終不如子真人生如花墜茵溷之譬為簡而妙即此
已括一篇論旨矣

十三日晴

穀士擢浙撫過此晤談莜農伯平均來復褚季蓀青蓀慕

韓刑部田星過話

徐有貞原名珵以請南遷被呵乃更名有貞張秋有功擢副都

景帝亦疏遠之然其為徐珵猶惟用人多詐於于忠肅珵屬忠

肅門下士游說求為國子祭酒忠肅即為進言帝以其傾危

不允忠肅亦人豈不悟有貞之奸乃受門下之屬託竟欲要

以成均及其更名詭進又不直陳其詐未免君子之過共

於太厚不可為訓古矣小人有才之可畏也

十四日雨

答穀士啟答慕韓不果午後醒晦若劉幼農來

明史王翺傳性頗執嘗有詔舉賢良方正經明行脩及山林隱逸士至者率一部試翺廷試百不取一二性不喜南士英宗嘗言北人文雅不及南人顧質直雄偉緩急當得力翺由是益多引北人晚年徇中官郭聰為都御史李秉所劾翺自引伏蓋不無小損云按文雅目排南人質直自推北士遂薦籍隸鹽山其引北人亦所不免鄉曲之見但所引既無不職僨事之徒何得據以為駁此脩史者有南北之

是非惡有之短也時至明中葉閹豎類作威虐聲焰後來爲大逆傳稱有中官因市賤珠患嘗國蘇不自已納而藏焉中官死在其從子遂之其自慶清嶽如此何至愛鄭聰之屬託李秉勳之翻乃引伏正其自大快處未可執此證之也修明史多南人故於忠有不能不歸毛詠瘢前此云在錢郁識絕請謁以獲之要中官屬或其晚年風度之衰於抑取此南士偽傳造言以識之也如邪瓊山方謂其持論偏激目是引重秦檜之類乃詆之而謂其辭曰于進者能於正論皆自相矛盾者耳

十五日晴

午後衛治青孫頤寅（新放四川川北鎮）来夜仲儀来話

晉書吐谷渾傳与宋書魏書北史互證世次參差晉宋書並云碎奚子視連卒有子二人長曰視羆次烏紇提北史則云視連死弟視羆立死弟烏紇提立一以為兄弟一以為父子烏紇提死視羆之子樹洛干立晉書紀其為乞伏乾歸所敗遂降乾歸後屢為乞伏熾槃所破又保白蘭慚憤發病而卒有子四人世子拾虔嗣宋書魏書北史略之弟曰樹洛干死弟阿豺立臨死召諸子弟告之曰先公車騎捨其子虔以大業屬吾豈敢忘先公之舉

而移於緯代其以慕璝繼事緯代其長子慕璝其弟也前視
連視羆為父子為兄弟竟難證明指虔不爾則北史言之甚
詳而勘校晉書何竟不相參證各執一詞殊為疏謬晉書視羆
稱吐谷渾為高祖若果視連之子則自吐谷渾吐延葉延辟奚視
連至視羆已第六世不得稱為高祖以此知晉書自紛敗闕之謬
又吐谷渾採慕氏之姓君臣類多不學而晉書飾以華辭
儼同上國不知所據何書大注晉書當據二書詳明異同詳
注於晉書之下以備參稽焉

十六日晴

穀似辭行贊臣來

于艸堂石影

明史卷一百七十七傳贊曰天順成化間六部家稱得人王翱等正直剛方皆所謂名德老成人也顧其所樹王翱李秉年富則謂其任材量王竑則謂其擊奸黨濟饑民而不及其治部則所稱非所論矣大氐明之中葉部院權重故雖有奄寺干政而大臣守於持正故尚可以立國然敝亦著諸為卓卓乃若王忠肅受中官之虧則李襄敏秉事劾之年恭定富以陝西諸倆與人猜稍有齟齬則王忠肅翱又劾之雖曰和而不同猶有畛域門戶之見伏於中未可謂同寅協恭也姚大章夔於慈懿別葬之上疏固請僨之不撓

極爲得祖宗之正顧王忠肅若吏部專抑南人而文敏則頗右
南人史臣於翺則曰北人喜之於夔則曰論薦率能稱職何
不曰夔抑北人南人喜之此則南人執筆顯爲外內之辭
適爲有識所笑而士大夫賢不肖隨在皆有此數公遭際北
平日以輔戴休明培養元氣而身名俱泰所以清出入不失爲
賢者處湘雅之會則因此偏見收以上至以後來談國耳
十七日晴
過仲儀吳易州煥采來
明賢相推三楊南楊文定公得政稍晚其後孤立於殿王振用

事後趨者以為依違中旨釀成賊奄之禍論者追劾而
賢者不能不受以責備東西之楊孰愈乎余曰以趙王事
斷之文貞優於文敏也滌山於高煦叛後請乘勢襲彰
德榮厲聲責士奇撓大計而文貞卒力持保全之說深
得大體又文敏嘗短文貞而文貞顧稱其長尤不可及至王
振之張雖欲傾榮之資遂先平使易地以處文貞文貞定不能
制者文敏亦不能制也獨惜文貞暮年子稷以傲狠
殺人憂憤至不能起未免家法不嚴然亦耄荒未
決懸車之過耳

十八日晴

伯平來午後答之孫小雲及佑先自里來津商定六弟營葬地與劉芝评家交易天氣驟燠殊形煩躁得勞玉初書閏月之二十六日大考自乙亥至今年十九年矣

梨洲明儒學案專為姚江而作即宋元學案亦並不為蕺山攻定則朱陸之間出主入奴失其本意矣梨洲學宗師姚故力辨良知為孔孟真傳非釋氏本心之說又輯為浙中江右南中楚中北方粵閩王門六派具詳其得失淺深之故可謂陽明功臣顧梨洲承學緒於蕺山以通姚江之血脈蕺山標善學義教與此姚江者而

梨洲曰大學只說致知如何先生宗要說個致良知以為學術所關不敢不辨不知良知即至善知止即良知良字以孟證庸非先生强增之也同時湛文簡公之為陽明之學與穆孝先生書謂當日桂文襄之流不過同時忌其功名太甚者然足以杜詆王者之口矣潛庵之言曰文成致良知之說返本歸原闡人以虛見邪說不知所以攻之之方王龍溪四無之說儒佛藩籬盡撤蕺山先生生文成之鄉而乃生一塞患端文游其學以慎獨為宗以靜存為要則姚江濂溪指歸融會貫通而無疑此真扶姚江學派之要也

十九日晴

至海防公所午後黄臣来夜仲彭来閒話

胡文定云世事當如行雲流水隨所遇而安可也毋以妄想戕真心客氣傷元氣矣康齋持此以自課余生平亦無他道惟去妄想客氣二字尚未盡除耳陳幾亭云人須於貧賤患難上立得腳住克治麤暴使非性之性消亡不怨天不尤人物我兩忘惟知有理而已此尤中余之病不怨不尤非做不到然終不能物我兩忘也其故亡在無消遣之法除讀書外琴棋無所解止於持盃飲酒而已

二十日晴

寄子涵書及馬夫人七十壽禮博霄來

明儒學案謂許敬菴先生孚遠與李孟誠先生材最善材所至聚徒講學學者稱見羅先生見羅下獄敬菴極之及見羅戍閩道出仍用督撫威儀先生時為閩撫出城迓之相見勞苦涕泣已而正色曰公蒙恩得出猶是罪人當於損思過而鼓吹喧耀此豈待罪之體見羅艴然曰迂闊先生顏色愈和其交友真至如此案梨洲師說以見羅自出手眼以止修二字壓倒良知然亦只是尋特好題目做文章與題下無與其論敬菴則云深疾與門人

弟輩宜並靜坐檢追數平生酒色財氣分數消長以自證大
致在敬庵而祖見羅並以戊負而用背撫威儀鄉黨目爲者
不爲是非而非賢者於則敬庵不必極之阮文直切至則此
非細故力爭之不共爲諍友何恥然亦而息迎史稱見辰性將講
學廬鄭重供生徒役又改春時公署爲學宮致春時未万春
譚讌乃肆罪園使下帷讀而申文定莊之遷天津善地以上
則其所謂正修者誅亦能躬踐力行宜其微不甚滿之矣
頹垂寥之役以爲陵貴亦頗有才其酷意學文成而未能以功
名始陵則亦正世多一講學耳

二十一日晴

裴芳伯來署雄州名敏中送到魏孝宣公高飜齊蘭陵王　碑及響堂寺石刻

閱明史耿定向傳恭簡立朝有時望然時相如華亭長洲太倉均不齟齬則亦善於仕宦江陵奪情屬書友人譽為伊尹未免太過其學本於陽明而殊無真見答唐元卿云格物即求仁之別名又示諸生以夫子出而單提為仁之宗陽明出而單提良知之旨良知智也與孟子提義宋儒提禮皆一貫所論亦粗妄無一是處蓋皮傅於講學者耳宜其不能勝李卓吾也

二十二日晴

吳寄荃孝廉來名燕紹望雲之弟子

明史王瓊傳給事中高淓劾瓊及高銓銓即淓父承劉瑾意

也其後瑾誅銓復官致仕而淓以劾父不齒於人又陳壽本

仁者為給事中言時政無隱獨不喜劾人曰吾父戒吾勿

作刑官易枉人言官枉人尤甚吾不敢妄言也夫劾父之為

孫安不待言矣要其父之既應於人而不劾人則亦矯枉

而過甚直不作言官則可既任是職詳察深思亦甚不

枉可矣奈何為寒蟬仗馬耶

于卅堂石影

二十三日晴

容民田都應〻試田廷一言允言久疾淡中見血家書中亦及也

馮子仁恩擢南京御史上疏以張孚敬為根本之彗汪鋐為腹心之彗方獻夫為明庭之彗比於審泛鋐狠按之西南彗見其叱車〻首薦欲鋐不已鋐排架欲陷之且辭愈屬鄉御史王廷相尚書夏言引大獄為緩解長安明士民觀者如堵歎曰是御史非但口劾鋐其舌其膝其膽其骨皆鐵也因稱四鐵御史後以子行可請代父死得免死戍邊遂子仁陽明弟子也後赦還稿家弟邦家拜大理寺丞致仕之彗四鐵甚矜賴松江華亭志亦載之

二十四日晴
得朱式如書專函訊允言疾
閱江鄭堂文集有公羊先師考以徐彥疏引戴宏序所傳授
為不足又駁徐彥謂胡毋生援董氏猶别作條例之說不可信其
言曰董子書僅成殘闕之繁露其說往往与休說不合繁露之
言三端十指六与條例之三科九指迥異今之公羊乃齊之公羊
非趙之公羊也與余前所說合鄭堂已先發之助我張目故
余意每思尋繹繁露大義别創條例以明公羊董氏之
學恐力不能勝耳

于州堂石影

二十五日晴

劉獻夫觀察来得九弟書

閱慈湖遺書 汲古閣 益卦象有以為雷行風從相資相益此說是否先生曰見善則遷有過即改當如風雷之疾此則獲益也舜聞一善言見一善行若決江河沛然莫之能禦以舜之道心精一故無有阻滯也余按慈湖此解最精透

樂記鐘以立號號以立橫橫非正音君子聽鐘聲則思武臣備矣磬以立辨辨以致死君子聽磬聲則思死封疆之臣死節難正而若言枉以益偏矣又曰絲聲哀竹聲濫亦非正之音至

賅箕章算篡則思蓄聚之作與大學及此篇亦細 孔子問
禮於老聃然非莊子所謂老聃者何以言之所言絕不類也豈
有與孔子議禮如此之詳而又以禮為亂之首也莊子所言
皆痛絕仁義所論亦有得間處 濂溪通書亦有疵如云元亨
誠之通利貞誠之復於天下正一之中如熱通以之說穿鑿猶存
未能詳精故明神應故妙幾微故幽異哉裂一道而二之
慈湖之學本於陸文安提本心二字為主者其駁通書與朱陸
辯無極而太極之餘波也然讀書甚有識固異於絕無可
以者誠此少之二端

于州堂石影

二十六日晴大風（是日大考翰詹）

獻夫大隆容民梅若先後來

隋書蘇威傳時天下大亂威知帝不可改意甚患之屬帝問侍臣盜賊事宇文述曰盜賊信少不足為虞威不能詭對以身隱於殿柱帝呼而問之威對曰臣非職司不知多少但患其漸近帝曰何謂也威曰他日賊據長白山今者近在滎陽汜水帝不悅而罷此威不諱盜賊矣後又云羣盜蜂起有表案請閱者詆何使人令滅賊數故出師以討多不克捷既非威之職司何故令其滅數於下而聞於上何意窺竊謂威之喪節

在宋文述篡弒後其先尚非裴蘊虞世基比然亦過甚之詞
若改駁鄭縣章東郡盜賊淵近之說乃飾詞耳一傳自相
外異二史氏之疏也

二十七日陰黃沙竟日
花農黃臣均來得都中書
姚江之學既紛紜同異矣余亦未甚喜之竊以為三原之學
脈於河東所著不張意見求心安理得其平康僖公承緒學
從游弟子如馬伯循理韓苑洛邦奇皆卓然自立之三傳而為
楊斛山剛大之氣百折不回不比姚門之睽鑠實亦三原之一龍

也河东讀書録非不縝密但於于忠肅之獄依違其間俛首不斷深乃以諸相与爭莫肯均下詔獄河东猶我为可卷懷之道者真謬論也三原既不講学不失为名臣河东則講学不過一老儒而已富平楊斛山先生爵亦出韓恭簡門人以劾夏言郭勳及修齋醮下鎮撫司在獄講学不輟桎鎖死而復甦錢緒山獄中先釋斛山甚以静中收攝精神隆慶間謚忠介所謂[illegible]二楊也斛山以火中呼寤見釋椒山以附入張經案中被禍足為三原学派生色也

二十八日晴

答獻夫秦生來以魏齋兩碑寄廉生

明史吳寬傳時詞臣望重者寬爲最謝遷次之遷既入閣嘗爲劉健言欲引寬共政健固不從他日又曰吳公科第年齒門望皆先於遷遷實自愧豈有私於吳公耶及遷引退舉寬自代亦不果用謝劉皆賢者劉之不欲引吳必有所見而史略之竟不能明豈以時武宗荒寬不能獨成聖德雖有請不間講讀一疏而委蛇不去非難進易退之流故不引之以相助以甘盤舊學不欲如霍光之用蔡義耶未可知也

二十九日陰有風

趙燧冬來談得仙蘅書

陸陳二先生文抄劉德模所刊也陸世儀字道威陳瑚字言夏與江士韶盛敬世所稱太倉四先生者是桴亭乾卦講義不能充善遏惡存天理去人欲則不謂之乾不謂之元亨利貞不謂之天人合一而今日之講易徒成一番空話從身體力行立說可以見其學之踐實確庵水繪園講義云性善之說本於子思實本於孔子易繼之者善也成之者性也善在前性在後程子云善固性也惡亦不可不謂之性似與孟子相左而其實相合此就氣質論性即孔子上智下愚不移之說陽明

之說無兼無忌未免近於空虛宋誠雖析亦甚分明兩先生皆明
末遺老梓亭絕意科舉碓菴韜隱遁之篤視棠洲所處尤
峻潔矣梓亭有感遇詩云思欲披緇衣寄迹空門端君臣義
已廢棄親殊未安俛首混儕俗流涕傷人肝碓菴亦有秋闈負
士詩云卓犖一爲義人漢代傳刪龔餓死棄溝壑苦節懸來因
想見其卓行孤詣心不忘明故以披緇涸跡者又進一籌矣張
清恪公序陸集云力矯時趨黜華崇實一稟考亭之規矩是遵
序陳集云大中至正有規矩可尋薛胡諸君子何以加焉可以想其
德業學術矣

于艸堂石影

四月初一日晴
翰香叅生均来沈子眉亦至閱大考單不全第一文芸閣係奉
朱筆應列一等者周錫恩費念慈崔國因陳鼎陳光宇均不準
列一二等聞廉生由三等十八拔置一等第六曹竹民由二等改三等未
知尚有更動否計應考者共二百八人四等二人王儀鄭、雷在夏
閱明史徐貞明傳京東水田實百世利事初興而為浮議所撓論
者惜之初議時吳人伍袁萃謂貞明曰民可使由不可使知君
所言得無太盡耶貞明問故袁萃曰此人懷東南漕儲派於
西北煩言必起矣貞明默然已而王之棟遂言水田必不可行

甲午上

正陸閘座池不便若十二道諭令停役如袁甘亭言業員明之說在明順天巡撫張國彥副使顧養謙行之薊州永平豐潤玉田皆有效在我朝怡親王陳子翽學士行之畿輔者有效而至今屢罷者北人不善稻且有司奉行切責故也余嘗論之亦未必行得与合肥論及減北方之差徭以力役治水並禁北方之賭粟以上賤治稻實為萬世之利非徒益京倉也海防棘而我之軍餉尤以道澗而敝之縣兵穆實今日當務之急合肥以爲之不能行也嘻吾非激水者祇抱空言無補之憾哉

初二日晴

劉鄭林張筱傳来午後得袁爽秋書贈黃山茶徽墨

閱積學齋叢書有錢大昕後漢郡國令長攷余方創歷代郡

國表可資攷證

初三日陰

合肥督行大閱海軍午後寄荃孝廉来得九弟書

閱大考全單廉生外又有移動上南兩齋在後者均升之徐致靖文

子同考致靖由三等後移前三等十名而其子仁鑄則抑之三等一百名後

倒數第五係荃蓀以三等一名改三等一百廿名倒數第四作合肥一段文戈什

峪寄小棧明日閱盛軍操也

初四日晴

合肥巡海署中清寂讀書竟日與閩人閒談或至艇中與仲儀雅論經義得廉生書賦為徐東甫所屏在三等末公閱改三等十八及張徐留覆閱改一等亦君事類樊川第五矣都傳有安圓書

初五日晴

陶仲明孝廉喆甡來寄九弟書日夜閱張南華扇面惜不諧

閱鮮文毅集收齋云學士侍待撫數万言未嘗起稿蓋為狂草

揮灑如雨風才名傾動海內俗儒小夫譎言長語垂蒼流傳皆藉
口學士大其集存者出自後人掇拾往往潦草牽率不經意臣
遂令蒙謗千古西涯亦謂其集真偽相半撻安以繕大庭西討
事有云陛下好觀韵府群書鈔撮殘無顧集一二儒英隨
事類別勤啟一經其後修永樂大典縉實為總裁以功在典
籍而論其著作亦宜存錄今披閱全集詩非不藻秀而遣詞
雅俗互陳境地太淺實質美而未學者當由功名早達以
致速自矜遂無好學深思之益耳集為遵化古松跋所
刊惜跋無序跋當考其人

初六日陰 生妣忌日

夜感寒晨起勉力祀事閉臥竟日

初七日雨

陸眉五來

吾鄉志乘寥寥明世宗母蔣氏云云文蔣斅大興人追封玉田伯此

亦宜補入者蔣氏即聖母章聖皇太后也按大禮議固由璁萼

導諛之章聖居之后至通州聞孝宗孝宗憲日安得以吾子為他

人子留不進所執状以安能不以孝宗為伯考哉明代堅府妃

多自民間故嫡庶之間往往任意徑行不獨章聖也

初八日晴

夜僕輩將玻璃擲碎遺火於淡巴菰上幾燬為之悚然

嚴世蕃之獄賴徐文貞始得竟及高新鄭當國所以拖文貞者無不至用前知府蔡國熙為監司簿錄其諸子皆編戍似為分宜報復者夫君子小人分在賢奸不分於禍福但明史稱階子弟亦頗橫於鄉里且之嚴錄材豈方壽宴階發其端子璠董其役以璠由主事超推常少又予階一子中書舍人亦為世蕃之濟藉父之廕者無甚分別其福之來也由於偉役即其禍之來也亦伏於是微可不慎哉

初九日晴

午後答伯平仲彭來

邵青門妄改施注蘇詩爲世詬病久矣此真本閟在虞山許無由見也凌仲子集有詩云宋漫堂中丞重雕宋本施注蘇詩乃青門改竄原本殘缺斷爛僅十之七中丞裝潢藏篋自他山所見影寫本後世久不知有真鼎乾隆癸巳覃谿師以十六金得之蘇市精題曰注東坡先生詩款書吳興施氏吳郡顧氏有毛子晉及宋中丞印始知所得者非真也王見大以不得見原書題名爲憾得此可貴未知其得款何如耳

初十日晴。是日地震，或云有米姓盜火藥積庄中炸裂，自焚，傷六人，故左近皆震動耳。

俊卿詠詩來。午後搏霄至。寄高陽復書，以十二出榜也。

周草亭先生著蜀漢書八十卷、杜詩詳說二十卷，其集中有二陸祠議，極透快，大致謂二陸以父為吳之宗臣，身又嘗為吳將，及入晉為成都將兵，內京師而攻惠帝，大節如此，何以祠為，以此質趙機雲於地下，百喙無以自解者，西頓瞻尚能無愧死耶。草亭吳中高士，十歲誦芬與桐鄉張考夫、吳江張佩蔥、王寅旭、崑山顧寧人為程嚴穎生，均有交，世居松江澗上，名纂，字緇青，著有海村稿，其詩文以傳蜀漢書、杜詩集說存矣，渠張氏大不知存否。

十一日晴

午後至永詩處小坐以允變之娟蘇妥一舅女在津種牛痘也容民來話

明史韓文傳文宗寧相琦後生時文夢紫衣人抱送文彥博至其家故名之曰文年八十有六澂之大年也實亦大年豈真有前身後身之說抑出於附會耶澂之入元禄貴而劉瓚榜姓蠻非劉者誤外為書以文為首亦頗相似斯亦奇矣惟澂之轉世竟為觀之前孫亦是帷事于其平大臣力爭始生八席風骨則史琳於澂之也

十二日晴

惠人來以爲張樵野所譏意甚不平因慰藉之士固遇者同話片刻晚飯後送之乘新裕赴威海李翁山由金陵入都送部引見也

十三日晴

夜閱右丞集微有所得偶加評點既而悔之於詩事終不敢自信也

復載之書沈寬甫六舍來亦挌著豐潤令轂似之感

陸桴亭思辨錄云教女子只可使之識字不可使之知書義蓋識字則可理家政治貨賬代夫之勞若書義則無所用之古今以

来女子知書義而文閑雅詣於曹大家者有幾不過徒以導淫
而已李易安朱淑真使不知書義未必不爲好女子也係綸
蔡樸亭此論偏謬殊甚書義豈導淫之具乎三百篇多
婦人之詞貞淫各判未必通書義者皆淫不通書義者皆
貞也並則因世有王莽曹操而令男子亦不得通書義可乎
三代以後婦教不修往往不令通書義之故誠令入塾通經
亦以禮法則上以贊其夫下以教其子弟其益非淺樸亭方以
儒術化後進而先趨天下之女子不令通書其亦所見之不廣
矣且識字而不通書則涉覽說部流弊尤多乎

十四日晴

午後方晃甫陳伯平自來得高陽書

閱明刻王忠文集忠文往諭梁王有降意會元遣有自立於朔漠者遣其臣脫脫徵糧餉於梁王覘知梁王欲附中國乃劫以危言迫王殺褘褘遂遇害忠文累代事元而身已食明之祿銜命使滇自當臨難不屈獨脫脫以朔漠一使竟能劫制梁王斬僇明使亦元季之矯矯者較定遠之斬匈奴使尤為正大明平滇南後褘無褒卹至正統時因義烏縣丞劉傑上言始贈官予謚兩國之規模亦太略矣

豐潤張氏澗

十五日晴

仲儀來搏霄亦至

閱蔡忠惠集其茶錄兩篇上篇論色曰茶貴白皆指焙茶也下篇論器曰茶色白宜黑盞所見殊不可解且云茶匙宜以黃金為之更殺風景今明前均作淡綠色以淡大真之家宜白盞故余品茶最喜宜興沙壺謂其能亂茶色也豈茶之性宜陶瓶耶端明云注湯有準黃金為上人間以銀鐵或甆石為之鐵則能敗水味金銀之徒飾觀而已然則端明此錄因屢承仁宗之問而作實導上以侈心於茶之真趣茫然不知坡詩以前丁後蔡並譏非苛論矣

十六日微雨旋止陰曀竟日

仰班卿來云丁氏承抄文瀾閣書欲向余所藏借抄廿四種者所藏初無此書殆傳譌也

顧涇陽講學東林而以救李三才故始見惡時相終為忠佞之思其後救三才者爭辛亥京察者衛國本者發歸獄科場案者請行勘熊廷弼者抗論張差梃擊者崇以爭紅丸移宮者件魏忠賢者羣指目為東林排擊無虛日借魏奄毒餘一網士之善類為空此亡無異東京黨錮也噫明季黨禍所〻黨大獄論世者勿專咎東林也可

十七日大風一陣陰

得柳質卿書復之爲丁氏借書蓋朱氏藏書名海內惜已有散佚不知羽化屬何人矣過仲儀談館政趙寄香書來收

得周氏所著四種

嘉靖之喜獨斷刑法偏頗已甚尤莫奇於復套之獄曾襄愍建復套之議所陳八事曰定廟謨立綱紀審機宜選將材任賢能足兵餉明賞罰備長技自是帝意遂偉略帝既令夏言擬旨優獎銑銑之意主師出兵攘塞而無敗衄之事乃上眷階移怒並疏責既不以套言銑罷職足矣無故速之殺之諫不

可鮮大臣祖默元上都及其地置開平衛後移於內設衛自寧夏至偏頭二千里聲勢聯絡三衛廢而河套遂為敵衝之正德間楊文襄嘉靖請勅御史陳豪等議復之甚詳才足難此既以廢棄因以即可坐收成效特因嚴嵩仇曾銑浸潤之譖無故而加以常臣繼殺長寇以世宗之果於有為而顛到是非如此然則其飭屬而莅於軍國大計首無異難而已夫張經輩雖殺之過當猶曰倭患已深也銑特以開邊隙故致併夏言就僇則凡籌邊計者孰不以因循粉飾為事無怪乎其自棄請而益弱矣

十八日晴

龔厚庵來復賀卿書

凌仲子有詩云苦被錢驅不自持纍纍嗚咽利日孳孳年來猶喜傭書暇抄得昌黎一卷詩詩雖直率想見其力學之專仲子家貧業賈年二十餘始改讀書為算推步之學又學文竟成進士有子抄月經男黎集其一端也仲子慕戴氏之學頗非朱子以理字為禪學其肆經精於士禮又精於聲音訓詁九章八線皆造其極與阮伯元相國至契於官止教授年五十三遂卒而無子可謂窮矣

十九日晴

劉幼丹晨來

閱趙访東山集乃趙吉士重刊虞伯玉行狀闕二葉來竹垞告以滄葦藏書有之亦未借抄非佳本也竹垞贈天閑詩云處士東山下名深百年論首首儒林傳蘇哀善春秋推作史無愧高尚以襄宋係傳終有待蟬魚既藏試重寺發揚端籍此豫力年晚書成難好音遲遲刻籍竹垞追促之力而卷中加以評點之非原本之舊蓋天閑於校本不甚講求耳思改抄本一證之不可再得

二十日晴

陳墨樵下第南歸寄伊譜書得樊秋書

元世祖至元間僧格作相其後敗誅亦卜丹崔彧上言僧格當國四年中外諸官鮮有不以賄而得者其昆弟故舊妻族皆授要官美地唯以欺蔽九重朘削百姓爲事時僧格已死因妻弟積贓伏法於其補改碑矣夫徇私受賄至四年之久其流毒已如此況久秉國鈞乎余謂私其族姻與猶顯而易防惟賣官鬻爵則賄多即疏者可親賄重則愚者可智顛倒是非莫甚於此爲政者之深鑒也

二十日晴

何士果宗子戴下第過談晚邀伯平觀虞昆仲夜酌觀虞病未終席而去得合肥電廿三可踐

元武宗奉皇太后燕大安閣閣中有故篋乃世祖貯裘帶者內侍李邦寧曰臣聞聖訓曰藏此以遺子孫使見吾樸儉可為華侈之戒有宗王在側遽曰世祖雖神聖然嗇于財此宗王不知何人一言啟人主侈心宜邦寧責讓之時太后及帝雖深許邦寧之言而其時土木頻興太后造寺五臺役軍人供役至六千五百人不少勞費乎

二十二日晴

士果復來談家計無策周之相對惘然

州志訪董定岩先生事不得偶閱桑弢甫集有和定岩

豐臺詩先生迎養太公於署著東臺士山結樓亭名曰豐臺

以壁澗有此鎮寓土思也弢甫時主講澄懷書院與定

岩交契嘗約之赴壁澗會董以難没於舟次弢甫送

喪至董関莊有哭定岩詩似可暇采以補志乘之遺

其絕程詩云河斜月淡無人見荒忽魂隨楚水流為定岩

作則先生實死於水也　次日檢弢甫文集得定山石菴志尤可喜

二十三日有風

酉刻合肥自渝閱昧同惠人晦若談

閱彝齋〻集四庫提要謂子固平生始末諸書不同齊東野語云終提

轄左帑身後有嚴陵〻命姚桐壽樂郊私語謂孟堅入元不

樂仕進從弟孟頫來訪既退使人滌其坐具惟集中有甲辰歲

朝把筆詩有四十五番見除夕以干支逆數〻當生于慶元己未

距宋亡幾七十八年孟頫仕元孟堅必不能見鐵網珊瑚載孟堅

梅竹譜卷有咸淳丁卯葉隆禮跋稱子固晚年工梅竹第自注右

昧將馬之是正而子固死矣是孟堅〻卒于丁卯以前云與足以證姚說

之誕按集中有按臬使賈秋壑先生啓又有改官謝總使賈秋壑先生之啓宋史賈似道傳不載其嘗為臬使淳祐元年改湖廣總領予國改官當在是時距甲辰三年時四十三也啓云蚤歲游昌黎之門晚年被山公之薦則於秋壑為舊識矣又云摩頂放踵皆被陸天高地厚論深恩可云極其諂䩄又有問梅寄秋壑一絕末云地寒先發得春風亦寓感激意集中賀秋壑總領所亟泉使知泉使在先是其由運司幕知諸暨出於秋壑非薦後以言者疏劾罷歸卽寓感慨白盛竟未再起雖嘗比匪之恩終能自拔視其身事之非圖明哲耳

二十四日晴

惠人來答晦若午後金簡臣來仲彭所延館師也名朗運望江孝廉

和氣致祥乖氣致戾天道也宋至徽欽危矣觀禪讓之際兩宮構隙遂生汴京青城之禍元末亦然外寇蜂起而奇后爲太子日謀內禪其時博囉尚欲以重兵擁太子不識脅帝禪位使非庫庫之散遣其軍未必無主父沙邱之變也夫父子夫婦間有梟焉日而食諸奇后挾高麗之憾興兵更置陵遣宦從爲博囉所幽繼以討免以致宮亂紀綱更易帝坐是亦元之禍水也已

二十五日晴

惠人回都午後答燧令燧令復過談

閱姜氏秘史明姜清撰正德辛未進士靖難之後建文一朝事蹟大氐遺失是書於故案文集搜輯遺聞編年紀載至地道出亡等事則未嘗載及頗見精核按其與明史異者惟燕王來朝行御道不拜為曾鳳韶所劾明史稿以為必無之事而此書實據吉安府志及潘瑄貼黃冊明史云王艮死節而此書云艮以建文辛巳九月卒見其家譜案正德距永樂時代較近其所摭拾止是則建文朝所建置

爲成祖君臣父子殆盡矣以建文之仁柔當成祖之雄猜即
齊黃削藩之議不起彼藪人豈遂肯聽之北邊遂微所謂削亦
反不削亦反者所惜齊黃之迂不及鼂錯而以軍師之任寄
之耿炳文並不及周亞夫故吳楚敗而燕遂成耳永樂之
毒過於蕭齊建文自焚與後唐末帝焚宮不異必逭作從
亡一說轉為永樂寬免姜氏此錄作於正德時具見人心
不死公論猶存雖革除年號何益余嘗謂宋太宗篡繼昭之位
雖南渡後孝宗入纂亦不得為天道好還成祖以臣叛君居
然享國久長傳祚十餘世尤理之不可解者

二十六日晴

閱宋書沈約表云何承天始撰宋書止於武帝功臣志惟天文律厤此外悉委山謙之孝建初蘇寶生續造元嘉名臣諸傳大明中徐爰因何蘇所述勒為一史起自義熙之初迄于大明之末至於臧質魯爽王僧達諸傳又皆孝武所造永光以來至於禪讓闕而不錄今謹更創立云云按梁書裴子野傳曾祖松之宋元嘉中續脩宋史未及成而卒宋書則云未及撰述疑約有所攘竊故沒其文也揭傒斯曰有學問文章知史事而心術不正者不可与其休文之謂歟

二十七日晴

晦若略談時徵聞朝鮮事合肥祕不告晦若亦不肯言可笑

閱明史熊文燦傳文燦總理軍務謁所善僧空隱僧迎謂曰公誤矣公自度將兵足制賊死命乎曰不能曰諸將有可屬大事不煩指揮而定者乎曰未知何如也曰二者既不能當賊上特以名使公厚責望一不效誅矣文燦卻立良久曰撫之何如僧曰吾料公必撫然流寇非海寇比公其慎之僧殊快論惜熊不深求其故也噫流寇非海寇比海寇已不可應況海國爲寇乎前二者則咸如熊之所云矣

二十八日晴晨微雨

閱王徵士集彝字常宗嘉定人自號媯蜼子坐太守魏觀事與高青邱同伏法錢牧齋小傳謂其得蘭谿金文安之傳王行先碣塋記稱其本孫氏子後複本姓然卒不果名在北郭十友中此本傳刻都穆所刊僅詩文四卷尚有劉廷璋蒲泉輯補遺及後補遺未之見也香祖筆記謂其觝排李賀溫庭筠墮入惡道然體亦不能佳擬要之唯其為楊維楨作文妖一篇詬厲儒雅而宋牧仲序則稱其學有端緒文不蹈襲云

二十九日晴

過晦若談吳贊臣自王所來閱散館單凶三十九人餘均改部屬知縣陳介庵以二等九名亦改知縣以壹課條陳疏通編檢也午後至金簡臣處小坐

萬承蒼宋書攷證云詩求張子野宋略鮑衡卿王琰宋春秋已亡按南齊書王智深傳尚有智深所撰宋紀三十卷亦不可考矣智深傳稱約多載孝武明帝諸鄙瀆事世祖謂約孝武事迹不容頓爾我昔經事明帝卿可思諱惡之義史通謂蕭武見而不尤並齊武猶有所下視約之挾私揚穢亦未減矣

三十日晴

洪孝廉棨來晤呂庭芷前輩

楊文公談苑周世宗嘗為小詩示竇儼儼言今四方僭偽之主各能為之若求工則廢務不工則為所竊世宗遂不復作避暑錄云度當時所作必不甚佳故儼云云亦非世宗英偉識帝王大略豈得不以儼言為忤又安能即棄去之為天下者在此不在彼也棄去今宜碌碌英君亦有不關文墨者而影不可耽於文墨若以吟風嘯月自矜規模狹小轉不如逞目武功者作為澗澗大笑儼直其有相臣之識

五月初一日晴

海防公所一行往見伯平午後得劉博泉書九弟書来

初二日晴

得廉生書寄都寓一函過晦若劉蘧臣来午後永詩過談

初三日晴

劉景韓来午刻若農侍郎試畢過談申初始去復約晦若同過試院夜話沈子眉辭行回滬

初四日晴

得九弟書

初五日晴

醉臥竟日

初六日晴

翰香来得惠人書行陰微辛難矣哉

初七日晴

楫舟回得廉生書

初八日晴午後陰微雨

廉生得南齋甘雨香大令来

初九日雨

于艸堂石影

合肥曰 慈聖賜扇有疏謝附寄都中書並復廉生一

緘

班書自序以外戚爲榮已、可笑沈約宋書自序則尤羞醜矣其高

祖警曾祖穆夫均事孫恩穆夫受恩僞命沈預告官警及穆夫

被殺此本晉之罪人於法應死其祖林子乃屠預一家老幼雖曰

不共戴天並仇法非報仇孝子也約之父璞又久事始興王濬

爲元凶淮南太守世祖傷之定是逆黨約諱之乃云顏竣恨于璞

交不酬其意世祖將至譖以奉迎之晚橫罹世難此逆臣子擅

筆造史宜其痛詆宋君臣以快意矣

豐潤張氏澗

初十日晴

仲瑋来下第後就汪居收館為高陽草會試錄前序

十一日晴

寄復高陽書

南齊書良吏傳裴昭明松之孫駰子官廣陵太守中興二年卒其從祖弟顗昇明末為奉朝請齊臺建世子裴妃須外戚譜顗不與遂免籍太祖受禪上表誹謗挂冠之杖誅以自比宋室之節士宜附松之傳中而沈約宋書沒之考宋書在梁武時頗有改豈得即諱之於齊代不應諱之於梁動六朝人不知忠義為

何事直以為誹謗當誅而已使非蕭子顯附載昭明傳中則其人忠於宋而死竟至淹沒無傳矣按南史松之傳附昭明子野事稱沈約所撰宋書稱松之已後無聞焉子野乃撰宋略云戮淮南太守沈璞以其不從義師故也約徒跣謝之請兩釋焉是休文有終憾於裴氏並駰之述作昭明之政事均以無聞了之何況於顯紱而釋而裴氏之事仍多湮沒惜哉李延壽既明著其事乃復削去齊書顯傳不附松之傳後尤為疏舛噫余舊因新著書檢青箱殘爛竹素而恒悼貞壹之士殉於無名亦可慨已余故表而出之

十二日晴

午後陳蓀初來

十三日晴

陳以培來過晤若略話寄子涵書

十四日晴午後大雨

蕢臣翰香過談搏霄來

十五日晴

仲璋來談得清卿書並湖南志

北齊無積累其享國誠不能久長然使官禁中無胡太后之荒

淫後主之謬惑及陸令萱穆提婆高阿那肱韓鳳構陷龍
弄權則亦不至忽亡如此之速馮淑妃之罪尤著乃北齊書闕略
其事亦不附穆后傳中使非北史則小憐幾於湮沒而野史傳
之未足徵信此李百藥之疏也後主以小憐慧黠傾心生死一處
故至長安仍乞之周武及後主遇害以賜代王達小憐不一死以
報緯復譖達妃幾致於死迨王妃兄令其布裙配舂仍
復還延為活何其隳節惜命若此非妃母逼令自殺則
小憐得生亦無以明太后之恣行淫穢以殂身高氏由亂宜有
此報當明著之以為寵嬖妃妾者戒北齊書於恩倖高阿那肱傳略及淑妃事而不

詳其本末

十六日晴

晦若來談夜蕢臣來

十七日晴夜雨

寄廉生及允言書午後過伯平

十八日雨頗涼 是日夏至

連日讀白氏長慶集

十九日晴

張筱傳來孫慕韓由揚州回都留之午飯蕢臣稍論瑣事

玉山自永定來談伯平事良久得安圃及廉生書

二十日晴

過晦若翰香來

二十一日晴

劉季威來復清卿書

二十二日陰

洪公述來辭行寄吳壯孫書並三十金

二十三日大雨如注

詣晦若容民

宋書闕到彥之傳不知何人於此卷張邵傳增入其子敷傳敷
自有傳互有詳略張暢複出前人糾之敷複出攷證未之
及也　孝武紀海陵王休茂舉兵反義成太守薛繼考討斬之
萬氏承蒼云繼考乃為休茂盡力之人何一書之中互相悖謬
至此南史載參軍尹元慶起義討之傳首建鄴爲得其實
案文五王傳繼考初助休茂及休茂被殺繼考齎劉恭之作
啓云立義自乘驛還都上以為永嘉王子仁北中郎諮議參軍
河南太守封冠軍侯尋事泄伏誅則紀所書乃據實錄
舊文非互誤也萬氏護休茂傳乃過覈矣耳

二十四日陰晨起天容如墨雨脚如繩午雨止時作小陣潮熱不可耐

蕢臣來

二十五日陰

傺小山自鄴赴鄭過此復爽秋書

二十六日晴

日本以兵脅朝鮮欲使爲自主之國不認中屬合肥甚愠與幕僚集議竟日余廖人也所謀未必合時殊爲憒悶非無官稍坐而已況顧來得九弟書廉生亦有復函

二十七日雨

晦若永詩獻夫啟之先後來昨琴西都轉之次子荷亭大令來見乃琴生親家人甚質實精密頗有文風以元本豫章集見示今日稍暇乃披玩之頗佳也聞朝鮮已服日本袁世凱解綵中國共此近藩勃海鴨綠處處與朝鮮毘連倭韓合則我孤長為邊海患矣

羅集乃元曹道振編至正癸未先生五世孫鋟本凡十三卷附錄三卷外集一卷年譜一卷首道振有跋此本以年譜別置於前殆明成化八年張泰重刻本也既去曹跋並張泰序去之以充元本耳卷二經解有錄無書跋近本並去其目遵堯錄八卷即晦

翁名臣言行錄先河也

全謝山云讀豫章之書醇正則有之精警則未見所造祇在善人有恆之間龜山之門篤實當推横浦通才當推湍石多識當推紫微知禮當推息齋横浦紫微不能自拔於佛氏爲朱子所非豫章亦未脱然蓋因弟子益甚所出而推之是門戶之見非公論也黎洲以豫章教學者靜坐中看喜怒哀樂未發氣象是明道以及延平一條血路故謝山譏之其意以延平爲遜朱子爲大豫章蓋閩產身然文質遵堯錄雜徵及議論要語亦有精警處似不必抑羅揚李強爲軒輊也

二十八日陰

杏孫來三次蓋欲竊取餘論以迎合合肥可厭之至

閱張仲遠所刊四婦詩宛鄰先生琦四女皆能詩長曰䌌英字孟緹適吳偉卿比部其餘次曰綸英字婉紃適孫叔獻故次曰細英字緯青適章政平季曰紈英字若綺適王季旭曦婉紃書學北魏若綺並能為古文惟䌌英偕其偉卿以名翰林改官秋曹差享閨房之福緯青早卒姊季均婺居依弟以終天忌才尤忌女子之才耶何故耶若綺女亦能詩處境似其母尤酷不可解也

二十九日雨

贊臣來

閱西齋集〻後附雙〻彰祀祏名為徐騎省子黃偲儀之壯也

又有通天臺賦江關兩種皆亡國怨哀辭西齋自謂也徐

酒生平大類騎省故西齋借騎省〻子目悼澤州相國序

其集謂當魁天下故以徐庾以琵琶賦首狀元自比耳

西齋名曉字元朗

于艸堂石影

六月初一日 雨

同梅若容民雜談竟日倭韓消息甚惡也得子涵書李怡庭自都至

閱新舊唐書合鈔梅若極稱廿一史四譜閱之殊未愜心按沈東甫炳震歸安人世居竹墩家門極盛與弟幼牧並膺詞科之薦沈文愨謂當時此科若為東南開者乃名試仍不遇浩然而歸後錢香樹以合抄進呈校勘唐書史館采之其弟炳巽字繹旃著有補正水經弟幼牧名炳謙以五法九

初二日雨

獻夫來

房杜為唐創業元臣碩子孫均不振殆以玄武門之故也當時隱巢相循執而廢之亦已足矣何至誅及其裔甯貫為淫刑以逞遺愛既以主故奪兄封爵復以謀反伏誅楚客復為魏王泰潛結朝臣用事者說泰以為嫡嗣以兄晦有佐命功免死廢于家夫楚客能勸晦救淹而勸泰為承乾構隙豈非習見晦之廢太宗兄弟耶晦子構亦中年不祿諸房杜自遺之殃耳

初三日 雨

夜過晦若

光武諸將余最喜大耿及曹操將篡耿紀為操所殺異獨能與太醫令吉平丞相司直韋晃等謀起兵誅操事敗不克亦足見故家遺俗之盛所謂與漢興衰者不獨大將軍二人將軍九人及列侯尚主九卿刺史之不替也弇嘗與十三將軍追賊至潞東及平谷遂窮追於右北平無終土垠之間至浚靡而還是著於軍功於吾里設余還鄉當建之廟祀之 以耿傳證之右北平後不在土垠可知

初四日　雨

雨中無事臨樂毅論一通快雪堂淥搨也

余求沈繹旃水經不可得々張々悵匡學水經釋地以今地證古地殊鶻突即以京東論之以霧靈山爲寶潤而以灤鷄爲密雲又以生拔爲永平樓西南如此之類不一而足有不勝訂正者可謂無知妄作矣余嘗有此意欲以水經所述諸山川溝渠者從史及地志繫綴條列爲一書附於水經之下以補水經之略以州郡證之疏證身未行萬里而半天下亦敢論箸也耶

全校水經亦未盡善盡美耳

于艸堂石影

初五日夜雨

衛達三吳榘山來初議師出平壤達三頗奮勇請行及聞倭船游弋大同江下游昌不敢出述衛汝中沮之晚晦若來談

宋熙甯四年高麗始通貢先是高麗為遼所阻不通中國者四十三年至是福建轉運使羅拯令商人黃眞招接通於高麗王徽願備禮朝貢拯以聞謂可結以謀遼乃命拯諭意徽遂遣其民崔侍郎等由登州入貢緣与中國通接宋欲謀遼而徒結援於高麗此空言耳其時水師未能精練詳見本報奏議中論邊備未密和之不果而欲結外援以圖無隙

之遼實為廷論時新法方盛張大之以為藩籬耳並在今
日而論欲固遼東非重護朝鮮不可朝鮮折而入倭則
渤海扼其半不但遼瀋處處可通彼以師船出沒於登旅
關即天津山東亦無安枕之日矣然則今之高麗不獨視
為腹腸直當視為心膂也其大者以漢江口及大同江為
要隘唐之平百濟自熊津入平高麗自浿水入其明證也
海軍既如宋之水師舍而趨平壤則彼之犯我由海道（由山道）
遼而止近我之護朝鮮勞而止廷又僅僅以驕蹇之樞臣
刻薄之鎮將當之惟不可用也

初六日晴

獻夫來得高陽後書

志雅堂雜抄殊瑣碎無足取所云華亭市上一物如桶無底非木非竹非鐵非石一老商久為海舟窺竟是衣半非衣乎竟不能詳此妄談耳又紀子昂說以雪糕為面綢絹作襯於麪糊不黴不脆則真以米粉作糊豈不省事何敢改餻為糊乎迂瑣可笑又云以小粉作糊此則近人皆用之矣閒記經史均極淺陋無異兔園冊子其人特今之骨董家而已士大夫乃一精抄以為秘本甚無謂也所見乃余家抄本一冊刻本亦有

初七日晴

晨過伯平草草一飯是日俄使來和議無成合肥甚憤始
決用兵意然陸軍無帥海軍諸將無才殊可慮也
後漢書南單于於漠北遺竇憲古鼎容五斗其傍銘曰仲
山甫鼎其萬年子子孫孫永保用竇憲乃上之安得如此巧合此
鼎非單于偽造即班孟堅若輩以媚竇憲耳近日講鐘鼎
者大率類此也以來識古字而不惑於怪古器者莫先於張敞
敞之辨郊鼎自東京以來承學迷識文漢與赤狀之後古器
之作偽者多矣

初八日晴

李孫來同晦若容民談

初九日晨起風雨

費臣翰香先後來巳刻內人患霍亂吐瀉且作竟至昏暈既受夜涼複因伯夫人忌日在逐思深痛過也急延醫服藥擾竟日寫九弟書

初十日晴

伯夫人二周年至經堂一行得安圃及廉生書

十一日晴

質臣來合肥云各國以漢城仁川均商岸勸令日本撤兵和局可成果爾則東方和戰之權西人操之亦中國之恥也而譯署欣欣冀可收無事之福時邸撥的餉三百万 上意蓋主戰云

十二日晴

家忌未見一客

十三日晴

復廉生書夏太守敬頤自廣西來字養泉曾見廉生之內兄也樊州同恭壽字銘叔舉人介軒之弟自都來赴江蘇質臣來談和局無成調兵矣

十四日晴

于𠦝堂石影

寄安姪書范農來三日元熱之至内人小痛

十五日晴夜有微風 聞都中雷雨平地水深數尺

晦若約談賈制壇來奉佐募八營之管也蘋香銘妹均至

十六日晚雨

黃臣來旗人佩綵余屬回里取先輩錄遺卷午後陳蕡與約大浦李寶森 字穀生 士成容 扇鎮來詢彩鮮形勢李夸誕不及陳之確實也得廣生書並律心一部蘩秋亦有書至

十七日雨

四兄忌日夜合肥示樞譯會議有和意時翁李亦派入集議

也十三日所派十四日復奏

十八日陰時作急陣

晦若来復仙蘅書並屬代致律例根源菅臣過談

十九日晴

以粟秋書及琴及所寄各件由三晉源寄蕙人仲彭来話

二十日晴

獻夫翰香菅臣均来晦若来詢倭韓消息高陽十七專足来

詢東事夜袁慰廷自朝鮮回

二十一日晴

搏霄尉廷均来復高陽書

二十二日晴

謹卿自蘇州至夜劉秀才蓮臣辭行回東應試

沈端恪遺書勵志錄云有一前輩潔己而不求人聯云自奉不

官則可若居大任須以激揚爲先養志若好已甚之不潔佩

綸謂此弊居大位者犯之最多其實不求人弊即居小官不可以

官不察吏役家丁之弊必累其身矣豈獨此哉居家而不求弊

則不能齊家求友而不察弊則必遭損友要在照自厚而薄

責人斯可耳不求人弊而徒務於己自了潔耳

又云華亭周荊山謂余云錢虞山初學集君子之文有學集小人之文此說與僕論合端恪又云虞山初附東林故其文可觀迨其敗名喪節則文亦趨下矣是文章本可假借爲此即余以人品論文品之證也

又云後世多訾議王弇州文字某弇州氣節才品極高故其扶持楊椒山一節已是根源非震川所能及文格波瀾如震川而議論不足明道絕載無關於治亂興衰之跡則亦尋常應酬之作耳其中豈有物哉又論震川惟詒之以張貞女一篇爲得意而修宋史亦不能佳識力均卓絕也

于艸堂石影

二十三日晴

誼卿來談午後啟之過話以慰廷所上條議見示晚柏行由南來

二十四日晴

陳景熙志先及姜翰卿桂題程平齋允和來程由牙山至詢以朝鮮情形誼卿來談午後聞牙山運兵之船被襲濟遠奔回廣乙號沒操江被擄高升所載千二百人及洋員漢納根均從舵泅後合肥召談慨歎而已晦若容民俱來

二十五日大雨

讀後漢竇融傳融還大司空印以非舊臣一旦入朝在功臣之

右容貌辭氣畢恭已甚數辭爵位因侍中金遷日暹至
謙范史稱其放遠權寵謙可謂智預避位不擾至於策
免旋行衛尉又以就職不免為蛇畫足既而兄子林以罪誅
愈呈乞骸歸葬而年老子孫縱誕不法至於交通輕薄屬
託郡縣干亂政事馴至穆等同免官家屬歸故郡而隻
身獨留京師豈非多壽多辱哉融嘗疏言子性頑鈍
及今觀其文見識汎而穆等所為又豈稍通經義者此
固諸子之不肖亦融年衰忘倦有以致之豈若馬融教
子一經之為善屢功名哉甚矣融不可為智

二十六日晴午後雨

談卿來花農亦至

二十七日雨

聞北路軍至義州城外二十里平壤已失有商船至煙台云葉軍與日本戰斃其千餘人我軍傷亡百餘見進劄水原此傳均不確

二十八日晴

桂坐竟日念倭事無人勢將大挫頗無權可以振之悶悶而已豈非天哉

元征日本至平壺島遇颶風敗舟經世大典云諸將上言至日本

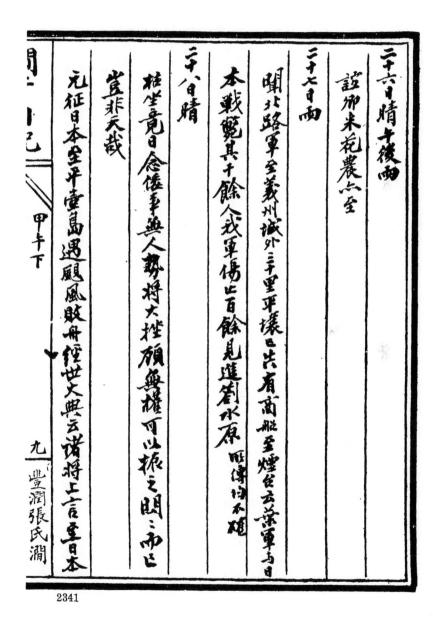

欲攻太宰府暴風破舟猶欲議戰万戶厲德彪王國佐等不
聽節制逃〻本省載餘軍至合浦散遣還里未幾敗卒
于閶脫歸言官軍八月一日風破舟五日文虎等各擇堅好船
坐之棄士卒十餘万於山下衆推張百戶為主帥伐木作舟欲
還七日〻本人來戰盡死餘二三萬虜去盡殺蒙古高麗漢
人謂新附人為唐人不殺而奴之蓋行省官議事不和故皆
棄軍耳余謂越海征夷不慮風色地勢而遽以海軍
委之敵其遇風非不幸也擇將不慎耳況王盤已諫於
前文虎請回〻礮臣又不与輕敵之兵安得不敗

二十九日晴夜雨

周郁山来合肥欲派赴北路郁山力辭

英宗廢置任守忠事皆以為韓魏公邵氏見聞錄載之甚詳

惟李燾長編引文潞公私記言治平元年六月諫官司馬光呂誨劾

入内都知任守忠交鬬宮闈光又疏其十罪乞斬之時富鄭公為

樞相乞行諫官之言英宗命竄逐之鄭与中書同奏事殿上

韓琦進曰陛下登極之初守忠亦頗有勞願少寬之鄭公奮而

前曰先帝親授陛下以大位皇太后協贊有功而守忠乃云某

有功某有勞臣不知此等語且將置先帝与太后於何地邪

上韙鄧宜琦忱然共色邪邪敎步臣召鄧氏相及接守忠交構兩宮實則讒英宗於曹太后前也魏公惟屬聲撫慰頗畏一任守忠而為之乞恩哉那激之於記非備託必衡欲重懲之而琦僅以蘄州安置輕之又輕不慊歸田之意耳時官歸以為魏公已有隱援而說邦輕若此以情度之守忠讒英宗英宗左右亦必有進讒者當時解兩宮之方為文盡其道而歸頌當日臣諫意於英宗而怨曹后獨文元祐間諸臣任諫意於宣仁而怨哲宗皆為未得其平元祐激為紹述治平之世幸而未生他釁耳

七月初一日雨

郁山来翰香渲卿制壇踵至聞葉軍廿六七又捷共傷亡倭兵二千餘名我軍亡傷亡二百餘倭傾漢城之兵攻之未知勝負水原險要可拒戰守地也後閱此戰乃誤傳葉廿七日已退走矣可歎

初二日陰

郁山慰廷来聞葉軍仍在牙山

初三日雨

郁山慰廷渲卿来過晦若遇首雲已指光祿署亡夜晦若来

慰廷復至寄廉生書並銀三十兩王卅来

初四日晴 繼祖妣靳太淑人忌日

吳渠山聞並入頤援牙山不能拒寇也合肥以為大愚悔若

送巽之電欲慰廷入都師意不可以琴生宜付史館奏交

蕢臣聞牙山大捷所增之江自康瞻已為倭攻破

初五日陰

聞葉提督有陣亡之耗內責海軍合肥以臨敵易將為慮與

余議不合余執不在其位之例不聽即已亦不力爭也晦若玉山均

來呂鎮本元字道生將赴平壤辭行得家書知許鶴巢下世

為之惘然

初六日晴　先君忌日

伯行來談勸余勿食肥甘不可讀蘇詩一冊心緒甚煩余平生

不合時宜真略似坡公也

初七日晴

晦若來陳蓀初過談

初八日雨

得戴之書將赴鄂萸臣小坐周郁生復顧赴平壤談片刻

初九日夜雨

誼卿來午後呂道生至

初十日晴

仲儀入都陳蓀初陳序東來倭船犯威海旋退此游兵也不足慮骸恙一卿甚苦得康生書

十一日晴晨大雨

午後允言來欲詣里中元祭墓以鐵道阻雨不果

十二日晴

厭夫玉山慰廷仲璋雜坐久談為之一振劇破病榻以倚殊有元

德撫解解感曹叢臣過談甚壯得暮歸老懋甚汲汲

十三日晴

仲儀辭行西方疾風之延林醫治疾聞聶鎮返至金川中有黃州倭軍阻隔作一函請合肥令前敵策應

十四日晴

誼卿入幕

十五日晴

簣臣蘋香均來得外姑馬太夫人訃電

十六日晴

允言十二即赴大沽今日歸留宿兒輩寓中梅盦蔡氏來

十七日雨

晡丁雨亭來見合肥仲士譚卿梅若俱來是日以劇已無盡
生肌不能步履卧寫定齋

十八日雨旋止陰
兒輩入都允言同行十六日雅趙作潤師一函

十九日晴
閱荊公集兩卷招弁蘇得廉生書慕韓書觀虞來

二十日晴
輪舟回送至馬頭水淺兒輩明日可到都矣閩臬司袁道
仲璋譚卿梅若先後至清卿若奮勇之俞允棠軍六返玉

平康即可抵平壤矣

二十一日晴

久卧牀褥無客至二明客來則文獻之得趙菁移書

菁臣來談一氏勿復莫慕錦也日入向齋見合肥少談

二十二日雨

曉仲彭來久坐甚之飯罷即眠菁臣書來云業已返並

江口距平壤不遠矣

二十三日晴

菁臣來得九弟書孝達有電詢朝鮮事以二後之慰廷

來談武吳之書相示翁李均以吳之為謀至可笑也頌趙復載之一緘

二十四日晴

梅菴來伯平來銷假至已委署保定府矣午後伯行來話

二十五日晴

伯平來辭行九弟有書復之

二十六日晴

閱葉志超得總統可笑之至相從退回之文武負弁均請優獎不知何功也慰廷來

二十七日陰

晉臣來東伯平丁艱以一幛唁之得兒子書廿三日到都

二十八日晴

嚴夫隆翰香來午後晉臣誼卿來話內意欲去丁汝昌

合肥屬晦若擬疏護之晦若封稿見示余不贊一辭

也以考籍寄都

二十九日晴

復子涵書以幛聯各一洋四十元寄奠

三十日晴

得兩兒書，費臣、晦若均來，子涵有書至告急。

元武宗初年，右丞相阿實克布哈（舊作阿沙不花）諫曰：陛下八珍之味不知御，萬金之身不知愛，而惟麴糵是耽，嬪妃是好，是猶兩斧伐孤樹，未有不顛仆者。帝大悅。亦時蒙古風氣質樸，君臣之際有若家人父子，故其言直率如此。惜帝說而不改，至大之政，錫賚太優，浩賞無節，積失至元、大德規模，而享年亦以不永，甚可惜也。仁宗即位，李孟謂陛下御極，物價頓減，方知聖人神化之速。此雖孟之諛詞，並亦足見武宗之朝民氣愁慘，百物騰貴矣。

八月初一日晴

獻夫翰香均來朔日祀　先疏拜略能成礼矣誼卿來談

初二日晴

靖卿自請辦幫海軍得旨申飭誼卿來談相與詫怪而已

聞鶴巢樞眷過此遣僕以祭筵奠之余尚未能出門也明日有摺便寄廉生及兩兒書

初三日晴

誼卿晦若均來復菁初書

初四日晴

曹蓋臣來談歷詆葉之驕蹇衛之刻薄深為東事憂之

從卿旋至午後陳志先通判泰興來其人心頗深細頗

多中肯語得兩兒書

初五日晴

傷風感冒甚重寄諭兒書伯行來為積卿由金陵至

初六日晴

傷風略瘉黃泰生來未得見兩兒託帶家言王孝鐸

允升徐郎長革楊頤皆無文名者

初七日晴

周杲表道辭行盛上尾至踊談可厭午後晦若誼卿均來
夜袁又至
初八日晴甚燠
黃泰生來午後董少溪甡自鄉至任采訪之役貢癸巳副
初九日雨
午後翰香黃臣先後至清卿留防盛海聞汪鳳藻
有革職之說形同聾聵宜哉
初十日晴
午後出門至晦若誼卿處小坐即返龔厚菴董少谿

豐潤張氏澗

同來厭天亡坐談良久

十日晴

聞楚寶被劾合肥准其請假午後頤廷一至誼卿
來誼卿眷屬至廷一則接楚寶差也得兩兒書稱
弁九日始回以道為霖潦所阻耳

十二日晴

十一日聞抄上諭御史端良奏請將革員驅令回籍以免
貽誤李横等語革員張佩綸獲咎甚重事乃於發遣
釋回後又在李鴻章署中以干預公事屢招物議實屬

不安本分著李鴻章即行驅令回籍毋許逗留欽此合肥頗恨余謂人言宜恤 君命當遵擬節後遷居以息浮議晦若誼卿實臣均來屬實臣料理新屋蓋屋尚未成不能春夏早遷實由於此遂爲言者所中可慨也寄九弟及雨兒書

十三日晴

翰香及王楓臣來得九弟書

十四日晴夜雷雨

秦生來即赴河防局吳清卿誼卿同至孝達贈書三

篋午後容氏晦若摶霄來談復九弟書

十五日夜半大雷雨

不見一客

十六日晴

與合肥言定於明日出署有孝達電來云因高陽會議有

復用之機恐者下只毒手要則非毒手也求去者三次非

奉特旨何能遂此懷耶

十七日晴

辰刻至合肥府中小坐辭行合肥贈並余灑並示詩

容氏晦若相從來還居　水草堂

十六日晴

花農來略坐良久而去可莊卿班卿重伯瑾同至晦若書來云葉志超十五日專足至安州電稱四面合圍督戰三晝夜不能支平壤城低而抵倭炮礮百餘俯擊城中人馬隕傷燬又無處汲水萬不能守韓民竟接濟倭兵援師若來不及亦先時情形云云等語合肥請調宋慶軍聶士成三千人營以防義州謂卿東云已退至義州未知確否

十九日晴午後陰晚急雨一陣

兩兄蘇允發以迴避同來午後仲弢至知以師老無功合肥褫三眼翎黃馬褂而平壤失守水師複傷相當致遠經遠已沈燬鎗軍華登岸並我之海軍不能成隊矣夜繞室不能成寐為大局悒悒目發其懸甚於杞人之憂天也仲弢去後曹蓋臣過談以余被誣亟於下族殊可感

二十日陰

晦若來

二十一日晴

因人還居薛觀察謂中室家聲聚之意深也蓋臣後來問

津諸生欲遷去相留余以為不必遷

二十二日晴

仲彭來知諸軍已棄安州義州亦將不守作寄桂林書

交允襄

二十三日晴

遣允襄赴余之回里晦若來送云合肥自請嚴議蕢臣

亦至云諸生望已遷合肥方被讒議豈能在救過不遑

主時直欲鄉人余亦不敢再入署者志之以見諸生深

意而已夜至定肯庵

廿四日晴

回里

廿五日晴

為甘大令題其尊人甘小蒼鴻孤山補梅雙隄補柳圖三絶

因歲荒族小負量加勛恤不能久居

二十六日晴

自里赴蘆台居劉小閣家九弟內兄也小閣母存

二十七日陰

寄桂林書交津局

二十八日晴

曰盧赴深州叙寮王泰庠家

二十九日晴

仝錫來

與坐客論熊廷弼獄廷弼之冤徐爾一訟冤疏最為悚切其後大學士韓爌等之議委婉曲折亦以動聽至史謂其令汪文言賄內廷四萬金祈緩死而背之忠賢大恨誓速斬廷弼此則冤更甚於傳首九邊者觀忠賢之黨肅指趣殺其

獄知忠賢藉熊以傾清流設謀甚毒廷鞫有意氣以取
禍非賄賂求緩者釋而背賂猶慮以逮案有身在
狴犴怨賄急皆自速其禍廷鞫有智計亦務不至坐姿
如此魏忠賢索賄不應拷陷殺其身又誣以家貲百萬以
破其家當時清流榜攻廷鞫而反授忠賢以柄卒以受賄坐
之嗚呼可歎也魏之罪在輕王化貞而反與化貞同逮蓋度當
狹而意氣豪方自以為料東事半可收效於桑榆而不知
朝廷之上朋黨成羣不論是非而論同異也觀此足為叔季
屢功名之鑒

九月初一日晴

趙宇香來

初二日晴

由涿州回蘆台

初三日晴

得家書知合肥有辭疏余策其必不准雖多此一辭亦稍明

余之素行即允准余亦勢不入署也並聞翁叔平來津有責

備合肥語並徹露主和之意東洋非西洋例無和理和則

朝鮮為日本所併渤海分其半北洋無安枕日矣

初四日晴

由蘆盦出陳家蒲收全家一轉聞初六至初十伯夫人服闋諷經

遂赴劉園宿曹蓋臣家

初五日晴

蓋臣談一日

初六日晴

仍至蓋臣家聞都中有進王雲舫出京會同曹蓋臣辭

赴園練意遊行

初七日晴

仍到蘆台

初八日晴

由蘆至渫宿秦氏

初九日晴

複廉生書是日回蘆

初十日晴夜有風

午後由蘆放舟薄暮過七里海宿淮沽

十一日晴

薄暮到泒水草堂内人云

硃批張佩綸獲咎甚重李鴻章何得再為剖辯仍令回籍不准

在該督署中居住摺內云已經回籍未細觀也

十二日晴

黃巨來函言移居並託其覓一媼因僕姬已去也

十三日陰

輔之來

十四日陰

復買舟為漫遊計夜半登舟舟中攜杜蘇王朱四家集合

之義山顧不辭莫矣

于艸堂石影

十五日晴
放舟泊虹橋
十六日晴
舟泊淮浯
十七日陰
抵蘆台
十八日晴
抵豐台不到近十年矣聞盤山道不可行悵甚
十九日晴

允襄由都至里適与相值

二十日晴

得家書聞人有疾遂由胥莊回津允襄同返

二十一日晴

因人患利延醫治之遣王壯明日回里

二十二日晴

得曹藎臣書

二十三日晴

滄先生日內人為作湯餅

二十四日晴

內人疾漸愈稍慰聞恢丞夜遣襄回都尉二不能成議

二十五日晴

蔚夫來談云九連城恐不能守合肥一籌莫展云聞

上感寤疾憂閒之至杜詩獨使至尊憂社稷諸君何以答昇平請爲當事誦之十九日尚召見二十日未召見

二十六日晴

蕢臣來談得頌公夏民書又生子命名頤葉爲琴生慶大來有知當不以余爲諛文也

二十七日晴

檢王子安集閱之近人吳縣蔣清翊注本

二十八日晴

聞倭陷靉兵敗宋慶退至天山九連城又被襲劉聶輩均退回可歎之至又有倭兵二千至皮子窩登岸窺大連灣旅順兵震退順小輪為倭截奪我兵如此之怯懦殊可慨也

二十九日晴

内人疾愈

裴行儉以士之致遠先器識而後文藝勃勒等雖有文藝而浮

躁淺露豈享爵祿之器耶後惟楊孟令長史錄之以為
名言並裴所賞之蘇味道模棱兩端王勮坐綦連耀
謀逆與弟勔伏誅勮亦非令終者救駱丞事亦相類夫
以蘇之模棱責行儉不知人彼必謂行儉論享爵祿與表
非論人品也如勮及賓王何以判之豈賊畢即無器
識職為即不令終亦有器識耶要裴乃勢利之徒
論杜陵所謂亦曾身與名俱滅者也讀子安集有上
裴侍郎啟有云伏見銓擢之次每以詩賦為先誠恐君
侯竊人於翰墨之間求材於簡牘之際果未足以采

取英秀甚銳高賢者也因上書君臣黃子壽侍郎裴
行儉悉根本以文藝取士殆又本壽王楊盧駱之文因
李敬玄譽而駁之四人者浮躁抑揚以後臣浮淺嘆
之罪而及以為有知人鑒哉鈞王何以文字干進致文
有殊恩屢及厳常頗加譴乃最愛其文而勤於上
歿無政責卷者目異乃即以王之說反而苛勃
信以譏評驕躬極矣勃有周易發揮大唐千歲曆
乃學人而非俳文人又作漢書顏注指瑕具有史識徒
以鬬雞一檄為怕嬰讒所遂肆之無命耳矣

十月初一日晴

料理行裝

閱知止齋集元和朱綬著凡詩十二卷文八卷詞一卷綬道光辛

卯舉人其詩董國華敘之其詞戈載敘之其文吳嘉淦序之皆

道光間吳中名士也綬詩文均以潔自許故晚字仲潔其爲人似

趙甌北屢表者任文有仲宣體弱之病詩亦未能剛健所作

五人墓詩乃微貶五人持論殊庸腐送林文忠詩尤涉

應酬氣小詩與詞則楚楚有致蓋吳下風格類然也

說經題跋目錄者罕矣

初二日陰

游藍山以辰初發蒲〻二十五里早飯又五十里宿蔡村

初三日陰

由蔡邨二十五里至河西務早飯行十五里許由晉莊過渡（本由紅廟渡近日始改渡口）十二里至香河值香河廟會各庄人滿於南門內住一小店偪仄之至

初四日晴

由香河至邦均有兩道由黃莊為下道由淘〻為上道羣以上道為易達遂達淘〻二十五里淘〻至新集又二十五里時巳未初度不能到

邦均日新集至邦均必由桑枝由桑枝稍折而北則至段家嶺乃
正行正間十二里至桑枝日已落矣遂覓人引導由馬房至渠頭
由渠頭至嶺上凡三易人到店已將三鼓矣不陷於淖者幾希
游山韵事而行役之勞如此

初五日晴入山後微雨

由嶺上二十里至邦均早飯由邦均入山亦二十里宿天香寺住持湛
然距天城下院里許

初六日晴

登山道險不能步以兩木縛一椅四人肩之而行從紫碣中取徑

捷若猨猱由寺南過　静寄山莊宮墻半地望見石佛樓縣甲石折而北至少林寺行宮已嚴後有白塔又稍東北至東竺庵庵西木石甚佳僧欲售去惜庵右二行宮故阯故無敢購之者稍憩西北行歷磴道十八盤至雲罩寺登舍利塔望自來峰隆奇秀尚未詢近有道者留干齋以杉下菌雜扁豆煮之殊有野味觀塔頂佛牙舍利有明萬歷壬子重修銀牌牌云壬子八月貴妃鄭氏順妃李氏委漢經廠掌壇御馬監太監盧永壽張益重修　乾隆八年嘉慶十七年均以當嚴歲節修之乃宮保方恪敏暨溫承惠任也八年牌云原碑文佛牙一具舍利六十粒今僅存牙七粒二十二年及嘉慶再修

于艸堂石影

則未及舍利粒數大僅見五粒矣又有水晶珠一不知所來僧
云數由通祖矣出寺而下南行立紫蓋峰後望上方寺懸空在
迴望行宮歷々如畫遂過桃園洞又南訪朴公墓青溝寺已燬為
薊州望古中盤過天池稍西南歷東甘澗西甘澗過天成
寺及蓮花池回宿天香石松泉之外柿梨霜葉與松翠相間
亦壯觀也
初七日晴
游中盤萬松寺登李衛公舞劍臺臺已圯矣寺僧甫兹開
辛巳之方丈源真知客蘭坡均已退院雙峰住藏一過清瓏破

下山游天成寺寺僧雍坡仍草已字文頂已白湛雲於蓮花池相候

還李氏廢園乃李寄雲所居其孫李穆雲孫售与雨蒼翁雲

觀察乃寄雲少子希聲殘田廢園林偪仄已經雨倒塌耶

並闌牆康宅屋均賣之木植遂廢地一頃買之湛雲勸

買園通廬廢址東西五畝南北七畝有柿林及棗樹約二三

百株價止百金在中駟之下下駟之上余未決也

初八日晴

游盤山白岩寺乃遼金舊刹亦無碑可稽蓋亦山莊可游余不

欲買業而止游先師恭志祠亭石及仙人石皇感代舊址一游

于州堂石影

出山本邦均午飯迄日傍宿新集

初九日晴

過永清河程文炳感清軍渡河無處午飯於四之店小坐而行

過渡宿河西務

初十日晴

蔡邨早飯至楊村晤程軍門於店借興字營居之王姓鳳巳

若曹克忠調充之營統領以古冶何長春接充宿松人也

十一日晴大風

三鼓行遇風寒甚辰刻抵草堂內人自初五歸省未還晚

縣知倭寇大連灣勢將不守

十二日晴

都下還殘傳〻人心渙散可歎得允襄書述潤師孫長詳

十三日晴

賁臣稱永均來因人縣省知世楯至督飭械准寄來合

肥甚稱之為陽所保也實亦濫好人而已

十四日晴

晦若來

十五日晴

誼卿來留之晚飯

十六日陰

永詩來寄潤卿一書

十七日晴

翰香黃臣同至

十八日陰微雨

仲彭來聞張蔭桓以來為求和計隨員貴月汀

寶文靖猶子丁憂江蘇糧道也

十九日晴

蓋臣來言所募津勝軍尚未成營中所費殊不甚

惜從來文武共事往往如此

二十日陰

閱邸抄初六日常熟高陽及廣東巡撫剛毅均入樞府

當有更易政府意

二十一日雨

孫恭孫來

二十二日雨

夜半仲彭來

于艸堂石影

二十三日陰

聞頌張出政府被劾猶在未為澄清正閑然用王文韶也邊潤師擢同背云

二十四日陰大風

閱寒石詩鈔沈紹姬著字香巖詩學長震劍南集分體刊七律類有朱竹垞陸灌成兩太史留飲宿灌成齋頭示應制諸作一首檢竹垞集注無紹姬行實集首有傳澤洪序云香巖生長素封早負盛名而連遭家多難奔走四方今行年七十有六老病孤窮郎星序云查東山稱其塡

詞第一闋斯盛序云過宋与香嚴相見集中有闋此公詩余宋州宦署詩似在宋州幕中如黃鞠洲查伊璜均与之習國朝別裁選其詩九首云香嚴羈蹟淮右垂老不歸浙中詩壇亦罕數其人者仍于清江于氏得手抄一冊亟采入之其生平出處未遑詳悉也蘇丑亦未得其生平雖遊也揚集有楊守知跋也參閱与蘇丑同時不知蘇丑何以未經攷訂擬他日檢浙江通志儒之今書篋均封庋未及閱編採討也惟集有庚子三月老病將返錢唐作首邱計則其人似還浙中非沒於淮右者蘇丑未審亦未見其刊本全集耳

二十五日陰

翰香來留之午飯飯後仲懿過談

閱百一山房詩集仁和孫補山相國著其孫吉甫襲伯均所刊補山謚文靖與金鐀孫平叔先生同謚平叔深於小學其所著泰雲堂集彬彬大雅視補山為優

二十六日陰

寄袁爽秋書夜仲懿來知旅順失守

閱晚聞居士集蕭山王宗炎著湯文端之師王南陔族兄也志傳多蕭山人

二十七日陰

贊臣來夜仲馥送電抄至合肥革職留任摘頂

二十八日陰

曹蓋臣來談內人踈肴聞中樞求和甚急為奐奈何

夜微感寒徧體痠痛夢中作囈語

二十九日晴

余生日感傷身世為之惘然贊臣獨來談

閱李武曾集附李分虎符香草居集

三李齊名斯年云集惜不得見武曾本名法遠分虎本名

待遠與兄繾遠廬名後乃更今名

永年申檢討涵盼常語今日閱朱十論詩文使人心惜未若李十九之可親也朱竹垞撰武曾狀曹秋岳賦春草詩和者徧江左謂今日得李生作庶幾老懷一洗半後鄧寄四章定為壓卷高層雲撰分甫墓表

分甫春草詩佳句如第一首收處云山中麻日無由見藉衣春青祀歲年第三首結句云愛中華風候暖白羊城下不知春均看殺其中如日出蒸如金對葉煌煌籠真見碧琉璃文錦似織時花半插巧乃相文處柳三眠一插板重一陂織巧詞無餘意曹以壓卷未喻也

十一月初一日雪

合肥出閱大沽等處營壘晦若蕢臣從

初二日晴夜大風

蕢臣來仲彭赴六合

初三日晴

浮橋衙衕以河將合陳蕃後之力也日來親友多勸徙居

余以藏書過多恐由河道運至滬上而搬之無聊後

不能決有許多未定營遷之感

初四日陰

懿旨以瑾妃珍妃習尚浮華時有乞請降為貴人以示薄
懲而肅內政云云全無倫次一覽不成片段侏儒觀一節
張楚寶即此監工一端料其胸無邱壑虞世南
子作匠匠亦臣不易作耳

初五日雪

合肥回津

初六日晴

翰香來晚蓋臣過話時欲隨節因閱沽居也留之晚飯是
日內人穌省因浮橋今午始成耳

初七日晴

内人遣言為老人計請籌款多買槍礮老人頷之噫彼處同仇闔中猶質所見如此而合肥猶執和議之成殊可歎也聞倭由岫巖進余曰此欲夾攻宋軍宋軍退必扼蓋平並引之入關矣昔孫文忠守關初守寧遠後守右屯築城大凌河城大凌河之役工竣即為我軍所圍宋偉吳襄不相能救於長山堡亦被毀並非今日比也似宜進扼右屯兼防寧遠無用閉關自守理合肥之不能從

初八日晴陰相間頗寒

安雅權粤東臬司龔冀九弟可迴避鄰五羊矣

初九日晴夜大霧

閱岫巖兵守木卑多中以何〻張楚寶因評以鹽賈軍火旨仍南洋撥用亦不自寬也

初十日陰霧猶未散

閱張紫野將米和尚張可笑矣為之憮然

閱查蓮坡為仁盤游日記自肄道賈家口十八里至北倉日午至漢口入武清道中望楊村過大石橋名星宿橋又行三十里薄暮抵崔黃口二月三日次日東行十五里至大口屯俗名打稻屯入寶坻界過遵

王寺再東至馬家庄十五里至寶坻由寶坻出此門十五里至三岔口沟水入流處五十里至邦均作邦軍权漢范問主以道寶坻一日為三日程録則午飯邦軍夕宿馬家庄次日四十里至大石也大石橋午飯齊暮抵津才二日耳惜游山時未得見此集迂途勞頓矣甚矣地理不熟即游山亦不可行也況行軍乎

十一日陰

閱邸抄蔡邸復入樞府凡四入矣内人隷省知和局仍未定僕人驕甚而内意決欲成和聞之殆為憤惋晚蓋臣來辭赴小棧寫菁杉挽聯五瀣水集長留試從里社論詩遠与抄

新堪並駕秣陵書亦答欲以墓門懸劍愧非季子賢
平生並作寄香書信之夜自煎茶甚美
十二日陰
晚翰香來
十三日陰
獻夫來怡庭以書若干種交陳讀頗有一二小品可觀者得
奭秋書約黃臣來談同飯聞張蔭桓已回京
十四日陰
為洪子彬題其太夫人家傳作書致奭秋明日交署加封切

為崔東人事可厭之至夜憂從中來耿耿不寐

十五日晴

浮橋又開通凌也旋合仲彭蕢臣均來

閱朱稼翁六峰閣詩集四卷未知為足本否板已漫漶梅里詩

話云六峰閣乃其少壯所作至老著之筆尚未付梓稟或有竟

就燼毀耶為之悵然

十六日陰

得康生書寄回方山靜想園一合安姪亦有書作一啟復之

不甚能勝

十七日雪

與內人檢點叅叢

閩山靜居遺稿石門方董撰題靖海圖詩有序云明嘉靖間倭寇蔓延三吳巡按胡宗憲平之士民頌其功文衡山為繪圖以傳初倭患猝熾總督張經以書函防禦屢敗其勢援寡徵兵俟大舉趙文華劾以養寇疏方上大捷王江涇文華攘其功經竟論死余懸觀是圖者知有胡而不知張有以成之也董子謂有史識矣

十八日晴

翰香仲彭過約來仲彭過晚飯後始去

明史湯和傳洪武間倭寇上海帝強和一行和与方鳴謙俱鳴謙國珍從子也習海事常訪以禦倭策鳴謙曰倭海上來則海上禦之耳請量地遠近置衛所陸具步兵水具戰艦則倭不得入〻亦不得傅岸近海民四丁籍一以為軍戍守之可無煩客兵也帝以為然和乃度地浙東西並海設衛所城五十有九選丁壯三万五千人築之盡發州縣錢及籍罪人貲給役〻夫過望而民不能無擾浙人頗苦之或謂和曰民讟矣奈何和曰成遠算者不恤近怨任大事者不顧細謹復有讟者齒吾劍

于艸堂石影

踰年墩成稽其實檢以五萬八千七百餘人明年閩中撤工之議
浙省疑論嘉靖間東南倭患叔所築沿海墩戍皆堅緻亶
不比浙人賴以自保多歉思之擬於方倭患以沿海置衛設
戍仿長圍平捻法似亦可行第在得人經理耳否則徒茲
紛擾而不堅無益也
十九日晴
晚仲彭遞復來云海珠十七不守
二十日陰
頌廷一來得安圃書

二十日陰

石聘之來留之午飯久談陳兆小病夜五中煩悶不能成寐

二十二日晴

仲彭遣夫人來王媼病遣余媼來替菅臣丑鄰談李謹甫來

視兩兒病蓋皆患喉蛾殊悶悶也潘軍情又惡稍安

松青並之宮一函

二十三日晴

菅臣來內人蘇肩

嘉靖間鄭端簡曉 總督漕運大江南北諸處倭漕艘裝

阻曉請發帑金數十万造戰艐築城堡練兵將積芻糧

中國奸民利倭賄多與通通州人顧表者尤桀黠為倭導

以故營壘皆據要害盡知官兵虛實曉懸賞捕僇

之募鹽徒驍悍者為兵後設泰州海防副使築瓜州

城廢灣麻洋豐橋諸海口皆增兵設堠遂破倭於通

州連敗之如皋海門殲之呂泗圍之狼山斬首九百餘曉

目賊多中國人言武健才諳之徒困無所逞甘心作賊非

國家廣行網羅使有出身恐孫盧出其間禍滋大矣洪

武間倭寇近海州縣以高皇帝威靈直謀臣宿將籌措

練兵經略數年猶未大妥乃招漁丁蜑戶島人鹽徒雜為水軍至數万人遣使出海宣布威德久之倭收不為患今江北郡平而風波出沒倏忽千里倭恃華人為耳目華借倭人為爪牙於洋為巨函後患未易弭也其言切至今日讀之猶覺洞中倭情

二十四日晴

孫表兄及佑軒來聞倭欲我遣重臣乞和方肯止兵內意之動可歎世詳無人丁葉龔均革交刑部治罪豐升阿聶桂林亦解問矣夜曹蓋臣有書來論郡口諸子及形勢

二十五日陰

聞遣張蔭桓邵友濂赴日本乞和矣寄都門書並賀潤師一函

田頫廷一專人往

客問於余曰和議子以為然歟曰身在廢錮不敢妄言客曰吾嘗同讀仲子之說矣其譏宋史云靖康之世不幸用李伯紀之言東都旋亡紹興之世幸而不用胡邦衡之言南渡僅存其全術慶實功臣貫之南渡納幣稱臣蓋由崎嶇兵間灼見情勢知強弱之不敵故委曲而圖存論者不察猥以和為共計斯諸刺譏不閱於心絕載未經於目何足責哉余曰唯唯否否仲子迂儒也其論金章宗南

遷謂不問吾所以待敵者何如而以和為可恃萬嵩古國金不南遷
遷不再至是又以和而遷為此計者不知平日不脩戰備寧乎而非
和不足固存此謀國者之罪無戰備之和之所恃非持久又惜遷都
為萬世寇讎往來同此論蓋於乾嘉間再為安之狀矣

二十六日晴冬至

晦若叔夫均來兩見見愈聞牛莊不守宋軍退田山莊

二十七日陰

孫小雲佐軒赴里午後內人入署

二十八日晴

感寒小病

閱楊氏全書江陰楊文定公名時撰文定作直隸學政時坐王李文貞公作撫我說公與巡撫比而招權利又適有武生鬻驛事遂命出防南河十年始召及督滇李敏達為鹽道布政使恃恩眷氣凌其上公裁抑之遂陰聞公公坐定斬監候罪雖加恩寬免猶須七年清貧絕歷日或不能舉火至犯陰於作入文定康熙辛未進士也余前以馬江獲咎陳子佩謂似林文忠而文忠微巧余悚謝不敢當今之客合肥所以干預公事受謗亦與文定事微近詳不能追蹤先臣萬一而居易俟命閱前人所遇不覺慼然

於命之理微甚卒未真有積運例應麼唱勝寶郎

二十九日陰夜雨

是日病甚至後河水轉深當雪而雨皆異事也

三十日陰大風

病愈而見侍坐詢以所好論諸謀學已入骨陳堅云好程學書記之

臣所言已如是未知信否姑紬其志以明儒學策擬之

明史鄭洛傳三娘子佐俺答主貢市諸部皆受其約束及辛愛襲封年老且病欲娶三娘子三娘子不從率衆西走辛愛自追之貢市久不至洛計三娘子別居則辛愛雖王無益乃使人說之曰夫人能

肆王不收恩寵者則塞上一婦人耳三娘子聽命辛愛更名乞慶哈貢市唯謹乞慶哈死子撦力克當襲三娘子棄撦別居復請撦力克曰夫人三世歸順汝能與之匹則王不然封別有所屬撦力克盡逐諸妾以妻三娘子論以宣大總督尊一婦人為逆倫失節之事以保貢市之局可謂極矣其後撦力克卒有洮河之役卒為言者劾巡撫不量輕重其無重利啗敵之事然總之所以不顧禮義而出此下策者不過為貢市計耳貢市似為天下大計其亦可以悟矣

十二月初一日晴

洪翰香來以病初愈尚避風未之見也得都門復書

明史黃正賓歙人以汪文言獄詞連及坐贓千金遣戍大同崇正初元起故官時魏璫餘黨大以楊維垣之羅崔魏潛居輦下交通奄寺正賓抗疏發其奸勒二人歸田里帝以疏中有潛通宦寺語令指名正賓以趙進偷于化龍對帝以其妄斥回籍劾人令回籍而即以回籍斥之處分甚妙遣戍而又回籍者以比一人並正賓所士視係爲縣矣正賓以吏部思林奇節指以力詆長以斥爲民李三才頗墨惑成與游之點而負道來人不諒初志目悞帶如也

初二日晴風沙
內人還余病大瘉能閱書矣
初三日晴
喉微痛
初四日陰
廠夫來知劉峴莊派欽差大臣要維峻以上疏迷沙
離間華職遣戍云
初五日陰
喉痛稍杀来

孫高陽戢將吏匿關內無能轉其畏敵之心以畏法代其
謀利之智以謀敵此兩語古今通病文忠字韓繩

初六日晴
僮奴張林去以余將南行堅不願隨也可笑今日喉疾愈惟口尚
作渴耳

初七日陰
黃臣來

初八日晴
寄都門書

于艸堂石影

初九日晴
仲彭來談
初十日晴夜月色甚佳
得琴友書
十一日晴
梅泉來同午飯
十二日晴
內姪女贇圖姐來本姪久不見矣安思之
十三日晴有風

孫小豐佐軒弟均至買祭田百十二畝午後約泰生來談

十四日晴

得安圃書

十五日晴

洪翰香李賓臣先後來午後晦若過談知倭人又攻蓋平六日議和之使張蔭桓邵到津也蓋自有洋務以來未有倉皇畏葸若此者

十六日晴

聞蓋平失守僅嵩武分統楊壽山陣亡云於是四衛盡失

矣以雲佐軒回里

十七日晴

蒨卿來談所持皆蘇人議論閩艦屢傳真未見明文不知

確否屢諭要章高元徐邦道徇蘇議以蓋平之敗也

閱倭軍數百游奕覺我師危急矣奈何奈何清卿來

津聞左子異以五營駐錦州並無糧械劉峴帥尚遲

赴于都門亦無趣趣之出者倭能不支撤亦並不留而內

意急和諳其術中外則欽差督臣及統兵大員無

一以禦倭自任者爲外耻憂何爲哉

十八日晴

致蕃臣一函

十九日晴

昨夜感寒洞瀉十四次並作歐吐

二十日晴

悶甚招孟雅來半日

二十一日晴大風

病殺々淪以風大未延醫也

二十二日晴風止

稍進飲食補完桂林書寄都 門衛鎮廿一葉市

二十三日晴

内人疏肴秦生來談日暮歸回

偶檢涑水記聞一則云神宗為余言王沖用在定州經過兵出定州者六萬逆旅及民家喧鬨殆滿無一人敢暴橫者但以倉米擾沖用撫之而定云云余謂此誤說也兵不六万不使之於城外設營列屯而散處於逆旅民家耶不暴橫尚閙鬨售甚矣溫公乃信其說而筆之所見如此宜其不能經畫西夏也蓋宋人之見耳

豐潤張氏澗

偶得明拓于大猷碑大猷志當孫碑作褚河南體

二十四日晴

得廉生書要圖書闡依長兩將軍收復海城及析木城

序卦傳曰窮大者必失其居故受之以旅々而無所容故受之以

巽余境似之易道真有憂患者之言也

二十五日晴

午後仲彝來

項安世周易玩辭後序云項公昔忤權臣擯斥十年杜門卻

掃足迹不出戶限直齋解題亦稱其慶元中謫居杜門潛心

于州堂石影

起居不出一室送迎賓友未嘗踰閾余殆似之而賓友亦不

来尤相宜也

二十六日晴

洪翰香黄泰生均来盖平之役宋降二級留任章徐均革職留

任罰亦輕矣聞倭船来圍威海有日寇欲登岸之說

約黄臣来談

二十七日晴

二十八日晴

得曾蓋臣書覆之

二十九日晴

晚獻夫來閱王文韶派幫辦北洋大臣

上之疑合肥謀策處此地位誠亦進退維谷也夜伯平秦生過談

三鼓始散

偶得沈歸愚集閱之歸愚以諸生困場屋六十二舉鴻博不

遇六十六七連捷成進士七十一大考二等第五一年之中四中允以

侍講學士蓋 高宗憐其晚達驟用之以償其功苦也壽

至九十七晉尚書銜傳極詩人之榮遇誠昭代人瑞矣然

余之少躋清班中遭坎坷已歸愚所識不第凡才時

閱之覽以地益曠並收並也

又閱長文襄年譜文襄以平張格爾封二等威勇公並其在
陝甘總督任以在東撫任共察属員移借養廉辦差發往
伊犁旋由科布多參贊烏里雅蘇台參贊以擬議撫再
任陝甘以共察属員被議降級旋復擢伊犁參贊其辦
張格爾也先賞紫韁旋以踈縱擒之先賞雙眼花翎旋復
革職公元惡就擒始賞還雙眼翎紫韁又有紅寶石
頂三眼花翎兩圓四團龍補服之賜以至由二等公晉封
一等時文襄已七十一矣仰見

宣宗馭將〻微權恩威不測而人臣處崇高之境當擾擾之時

惟當置禍福榮辱於度外一意圖功塞責以共休戚

介意耳

三十日晴

晨起杰姪來依〻有情頗解煩悶午後內人小妹陪仲彝之

女均至內人旋跦〻蹶歲秦生亦至略語今年八月以後運否

極笑武益籍以出署郵局亦殊非福正當激以斂之靜以待之

不宜稍涉憤激憂傷以負天之玉女也

以賤直得儼山集明陸深撰也止有其分集不意中得此一快

明史稱深少與徐禎卿相切劘爲文章有名工書仿李邕趙
孟頫賞鑒博雅爲詞臣冠然頗倨傲人以此少之提要以正
嘉之間七子之派盛行而深獨以和平典雅爲宗不失故步
可謂有守按集中有跋蔡竹溪澗考書有老妻特合爲
夫人不置文命撰兒託來請先禱遲之而有與竹谿倡和
之作牧雅銳渲詞中有鈐山堂集序因疑銳序作於嵩
作宰相時而深言以推嵩太拜後尤難曲諱特爲於嵩
同年頗相倡酬及嵩當國莫只能絕往還則其精此
遠貢以送嵩之作屢卷論者以此優劣之如文裕之倨

徵乃小小瑕此寫則不見日来之班耳題跋中篤好數老六

不僅往往海涯涯波也

正月初一日晴晚風霾

祀祖迎神儀不廢禮巳刻仲彭邃登杰燕能炤珣來循鄉俗共喫水角茶蛋水角北風茶蛋南風也秦生來

閱盤洲集洪文惠适撰有題跋數則攷證溫大雅張平高名字相涵之故甚詳確正以南北史訂唐書宰相世系可為讀唐書法出宣忠義之軼之洪名滿天下顧文惠及弟文安均黨潘悉退潘罷相文惠草制無譏責語惡公武勳之文安亦以草制無貶詞汪澈言之提舉太平興國宮文學能優與文敏

奉使辱命終愧忠宣堂構云

初二日晴風止

秦生贊臣均來午後約求詩以與伯平佛光女婿託求詩与秦

生作永之也

盤洲有重編唐登科記序云藝文志有錄姚康崔氏李奕三家

二十三卷會要載鄭氏上宣宗者十三卷崇文總目有樂史脩定

者四十卷今多亡矣予家藏崔氏舊貞元中校書郎趙脩

為之序大氏顛載進士續之者自元和方列制科記閏顕法乃

止又從毗陵錢紳氏得一編起武德盡大和頗載制科而十遺五

六嘗考會要續通典補正之據唐人集傳入宋間及按中秘書
六日一編冠以趙序與舊藏略同而序次文不相類蓋後人損益
撰於崔舊世所傳循塔題名進士存者鮮焉獨長慶一年
本爾以證諸本皆異唐之大和二百年而數家之書多有若
此先生宜遂自朝至廷日館文館姚康書前五卷家詳盡而
亡其十一卷所載高祖太宗兩朝進秀甲乙總二百六十三人從洪
本乃九人而已於今所輯一以姚氏為正天寶以後則三本合一至
其後先乖次不可悉辨為十有五卷互文書又有大宋登科記
自建隆庚申至紹興庚辰為二十一卷合兩書均徐星伯有唐五代

豐潤張氏澗

登科記歲補叢書刻之不及余所藏抄本之完備暇日當詳考之

初三日晴

午後梅若翰香同來

初四日晴

晚曹蓋臣自小棧來

初五日晴夜微雪

合肥生日同人醵祝數肝胲十一月廿七臘月廿三與此而三矣

楊悅為人詠水記湖極賅之而得家集有送楊太祝悅知長洲

縣五律一首云云異佳縣首民抑舊賦〻專用清談治知非俗吏為林踈丹檣迴過稻塾日芸敕宜使民無忘嚴修太伯利所以期許之者甚至恍作管子之序放余有見趣錄之

子瞻有賈生論不知溫公亦有此論以賈生為學不純正其言曰治天下之具孰先於禮義安天下之本孰先於嗣君賈生以禮義儲嗣列之於後以為餘事頗切切以列國外夷之為慮嘆涕泣之可謂悖本末之序昧緩急之宜謂之知治體何哉論作於慶曆之年知非為剽飾叢殺以論賈生余惟讀其論淮南諸子過刻禮義諭教外夷內分並重似不能以此責其

不正宗戒用兵溫公學術宜其不喜憲貫生也

初六日陰夜大風又雪

請永詩秦生為媒約聘伯平前輩次女為志滇婦年十六矣

辰刻禮成巳刻伯平來談

初七日雪止晴寒

聞威海南岸龍廟嘴礮台不守作要圖及都寓書仲彭来

閱書王思政傳思政守潁川齊文襄堰洧水攻之思政率左右

據土山欲自刎先是齊文襄告城中人有能生致王大將軍者封

侯若有損傷左右皆從大戮都督駱訓等固共止之不得引決

文襄遣趙彥深執手申意引見文襄辭氣慷慨無撓屈之容及齊受禪以為都官尚書史臣以為雖運窮事蹙城陷身囚壯志高風足奮百世噫文襄以虛禮奪思政之節而其督將分禁諸州地牢數年皆死思政醜顏苟活更受齊官史乃以為壯志高風然則于禁降蜀亦當無譏乎思政之子周書作秉北史作康並云康沈毅有度量為周文所親信思政陷後以因水城陷非戰之罪增邑三千五百戶以龍襲爵太原郡公有弟揆亦進爵為公揆弟利封侯利之弟恭恭弟幼均封伯康姊封縣君康兄元遜亦陷封其子景

縣侯周書略之若以廉入隋故隋書亦無傳也周不罪思政已寬於降將之後剝珪錫爵如此優隆而思政反面事仇初無愧恥史乃以其家無蓄積極意褒揚使南董執筆當不如是

初八日晴

花農過談午後仲彭過又至得都寓書

初九日陰

翰香晦若均來泰生亦至聞威海北岸亦失戴宗騫遁

周書於諸臣列傳皆敘及其子孫而長孫紹遠傳不及其子

覽長孫兕傳不及其子熾蓋豈以隋書已成故略之抑以長孫氏方貴故不敢涉筆耶 疑宋本不可得此本或有遺脫放

初十日立春陰

聞聶提督奉諭回直旋因倭犯摩天嶺中止得蓋臣書言軍械略可敷用

僕輩捆載書籠偶拈一冊乃僧無住谷響集也有擬塞上曲二首云金笳卅月夜將分萬馬羣嘶徹陣雲戍平半成邊地出麒麟閣上西將軍漢之黃雲關塞秋邊人

八月擁貂裘伊來飲馬長城下沙底泉猶見髑髏〻息一將功成万骨枯誠堪〻歎若令〻万骨已枯而將不成功者尤堪痛恨矣小人已化蟲沙君子不爲猨鶴將若〻何義桂元時訪僧多与仇山村倡酬〻作詩惟近體末有詩餘一卷元訪選以宋子虛寫無住詩句初唐風在以空漢月明可以評定其詩文以其論詩有典雅雖成唐而清麗高潔終有宋人風謂可知其格調所由來余喜其僧訪無疏筍氣蓋得力於盛功四靈者

十一日晴

得都寓及潤卿臘月廿五日書。賁臣偕吳少蓮來。吳知縣，爲內人診脈。午後獻夫來，時已放江西糧道，聞係拒使臣議和，本日將由長崎言返，所謂自取其辱也。吳名景毓，嘉興附生。

閱周書儒林傳，僅盧誕、盧光、沈重、樊深、熊安生、樂遜六人。沈有周禮義、儀禮義、禮記義、毛詩義、喪服經義、周禮、儀禮、禮記音、毛詩音。樊有孝經喪服問疑、七經異同說、義綱略論、月錄。熊有周禮、禮記、孝經義疏。樂有孝經、論語、毛詩、左氏春秋序論、春秋序義、通賈服說、發杜氏違、刊定儒林，可也。盧誕非博學，有詞采而無著述。光精於三禮，善陰

陽鮮鍾律而所扶僅傳道法經章句且性崇佛道至隨閒
太祖所指獨見出上乘門目而立寺棄儒從釋何至於武士
林乃褒然居傳首累其實徒以誕為魏諸王師光為閒
高祖師耳然則師傳即大儒乎史氏失之

十二日晴

仲彭來談

袁簡齋于忠肅廟碑以諫易儲無關輕重最為直捷痛快蓋
英宗本不宜復辟即沂王本不宜為太子也昨閱劉鳳誥存悔
齋集題忠肅畫像後謂明史景泰八年正月丁丑帝輿疾宿

南郊齋宮正卿羣臣請建太子不聽碑曰正月丁丑景皇帝不豫
公同廷臣上章乞復皇儲未報公上疏復儲月日未出乎此官時
憲宗在位獨不許論復立之事蓋先年已簡及公疏制追郕
復其子官可以明其志也附錄阮文達題後謂邵學士晉
涵嘗見明景泰間通政司舊冊署某月日于某一本為太
子事惜其年月未能記憶文字漫抄謂憲宗于忠肅褒
卹有加實為見乎疏之故某邵親見舊冊何勿錄其全
文乃為此閃爍之語殊為可惜此豈足以破千古之疑案
之忠肅之冤亦不藉有此一疏與否也

十三日陰

黃臣陪吳筱才來診內人病翰香亦至

閱明史戚繼光傳繼光以都督同知總理薊州昌平保定三鎮練兵事上疏言薊門之兵雖多亦少其原有七營軍不習戎事而好末技壯者役將門老弱僅充伍一也邊塞逶迤絕鮮郵置使客絡繹日事將迎參游為驛使營壘皆傳舍二也寇至則調遣無法遠道赴期卒斃馬僵三也守塞之卒約束不明行伍不整四也臨陣馬軍不用馬而用步五也家丁盛而軍心離六也乘障卒不擇衛緣備多力分七也

士之害不除邊備曷修而又有士卒不練之害六雖練無益之弊四何謂不練夫邊所藉惟兵兵之所藉惟將今恩威號令不足服其心分數形名不足齊其力緩急難使一也有火器不能用二也棄土著不練三也諸鎮入衛之兵糧非統屬漫無紀律四也班軍民兵數盈四万人各一心五也練兵之要在先練將今諸言武科多方保舉似矣但所選將之事非練將之道六也何謂雖練無益七一營之卒為礮手者常十不知兵法五兵迭用當長以衛短短以救長一也三軍之士各專其藝金鼓旂幟何所不蓄今皆置其不用二也弓矢之力不

彊於寇而欲藉以制勝三也教練之法自有正明美觀則不實用實用則不美觀而今悉無其實四也臣又聞兵形象水水因地而制流兵因地而制勝薊之地有三平原廣陌內地百里以南之形也半險半易近邊之形也山谷叢隘林薄蓊翳邊外之形也寇入平原利車戰在近邊利馬戰在邊外利步戰三者迭用乃可制勝今邊兵惟習馬耳未嫻山戰林戰谷戰之道也惟淛兵能之願更予臣淛東教手礮手各三千再募西北壯士足馬軍五校步軍十校駐臣訓練軍中所需隨宜取給時當國者右戚遂命

繼光鎮守薊州永平山海諸處薊州軍容遂為諸邊冠今畿東空虛甚於明時而明惟防邊今兼防海事更棘於嘉靖也

十四日陰

聞劉公島失守海軍盡沒於是登旅門戶盡為倭據矣高滕憤悶合肥自請嚴斥未知　中旨若何得允言書眷薦擬十九出都

閱譚綸傳綸總督薊遼保定軍務疏言薊昌卒不滿十万而老弱居半分屬諸將散二千里間敵聚攻我分守眾寡

強弱不侔故言者亟請練兵並四難不去兵終不可練夫敵之長騎非募三万人習車戰不足制敵三万人月餉歲五十四万此一難也燕趙之士銳氣盡於防邊非募吳越習戰卒万二千人新教之事必無成議者以為不可行此二難也軍至尚嚴燕趙士驕驟見軍法必大譁駭且去京師近讒言易生徒令忠智之士掣肘屢功更釀他患此三難也我兵亦未嘗敵戰而勝之彼不心服惟再破乃終身懾而忘嫌易生欲再舉禍已先至此四難也以六之計請調薊鎮真定大名井陘汲督撫標兵三万分為三營而授從光以總理練

兵之職前者如所請綸相度邊隘分薊鎮為十二路之營東駐建昌備燕河以東中駐三屯備馬蘭松太西駐石匣備曹牆古北此疏足與戚並時議防邊之論也綸字子理宜黃人

十五日陰

廷一翰香均至午後仲彭夫人暨其光女來

戚傳云諸督撫如譚綸劉應節梁夢龍輩咸與善動無掣肘譚襄敏傳則云巡撫劉應節異議應節傳中不載所議若何張江陵論解後形迹已化矣應節官撫時嘗以

永平西門抵海口距天津僅五百里請募民赴天津領運開運官出海部議以漕米冒險改撥山東河南粟十万石儲津令永平官民自運及代袁敏作督疏言以兵二十餘万復大甯万年之利集二十万分屯列戍百年之利不然則選主客兵十七万訓練有成不藉鄰鎮亦目前苟安計内新軍補主兵舊額十二万与客兵番休不得已之計議恢廓而卒不行校譔識則似不切也應節字子和浙江人觀此則明季之邊餉虛圓耗民窮已甚矣

十六日晴

鞠耦睞省孫茶孫來

十七日陰微雨

延吳生診脈萱臣同來蔡蕺林亦至聞劉公島未失船尚存

四遠無雷艇及六鎮全沉矣遣滄兒回里掃墓晚仲彭來

閱書賀若敦傳敦孤軍深入湘州俄而霖雨不已秋水汎溢陳

人濟師江路遂斷糧援既絕恐侯瑱等知其糧少於營內多

為土聚覆之以米集諸軍若欲給糧者因召側近居民若

有訪問令於營外遙見隨即遣之瑱等聞之良以為實

相持歲餘瑱等不能制借船送敦渡江晉公護以敦失地

無功除名為民北史亦並採取至湘州已苦糧絕嗣未聞圍遣
援師而更次湘露民廢農業何以能相持歲餘不憂飢
潰並則前所為糧絕及本傳裝船設伏及牽馬著船兩
事皆敷誣以自掩其失地敗軍之咎耳平心以此怨誰致
禍敗亦不善處敗矣

十八日陰

小雲佑軒來為覓王姓叔侄兄弟三人以供驅使皆近邨人也
曰勔曰勳曰青光

十九日陰

翰香來談佐軒云永遵兩屬能放鳥槍者可得二三萬人撻槍梁鎮欽之亦可得數千桿並有聶姓係南人占籍於吾邑者能改撻槍為後膛如聶之校邑中約有三五人云惟團練不如往富戶承大稜之後均不願捐以練選有名無實也紳耆均託余任以事余以此益不敢言眛蓋鄉閭之急不能不任而 君父之命不敢不遵謀西鄰耳夜仲彭來滄兒自里眛還佐軒小雲回

二十日雪夜大風

署中送寄諭來合肥賞還翎頂黃馬褂開復革職

豐潤張氏澗

留任屢分授為頭等全權大臣與日本議和王文韶署
直督北洋大臣雪中白人縣首合肥殊坦然不以為危留聞
泰來商酌南行事宜費臣同吳生來診無之即去以病
咳痛未定方
單騎見回紇共傳為郭令威望所致然回紇特為僕固懷恩
所誘本無戰志故得以開誠布公講信脩睦此不可狃也其後
吐蕃尚結贊之於唐德宗即有穆樹劫盟之變其言曰唐之良
將李晟馬燧渾瑊而已當以計去之乃入鳳翔境內無所俘掠
以兵二萬直抵城下曰李令公召我來上亦忘日成功名會吐蕃離

聞張延賞等騰謗於朝無所不至至於表請為僧尚結普
復因馬燧求和上以邢君牙代晟謂大臣既與吐蕃有怨不可
復之鳳翔而遣渾瑊與吐蕃盟於清水晟深戒之以盟所
為備不可不嚴延賞以晟有疑彼之形剔彼之疑我謂之
上召瑊戒以推誠待虜而自為猜貳及盟駱元光伏兵營
西韓游瓌之遣五百騎伏於其側吐蕃伏精騎數万於壇
西游騎貫穿唐軍出入無禁瑊入幕易禮服虜伐鼓
三聲大譟而至殺宋奉朝等於幕中瑊偶得他騎遁去
是役也晟知其詐柳渾書生亦知其詐而張延賞輩以忌

歲故不信其言致渾侍中畏蹈於死辱國甚矣哉秋材
狼夫豈信哲誓可結乎奎金之於宋要宰相即宰相要親王
即親王時金師已迫汴都而徽欽闇主何㮚輩皆庸臣國無
足論甚矣使事之不宜如也

二十一日陰

劉獻夫頎送一洪翰香均來連日狂風冰未能盡解殊悶
人也聞丁汝昌劉步蟾均死劉公島已不守夜黃臣饒看四
毓來話行事殊有別意

二十二日陰

晦若來談將隨合肥入都也吳西白寄柳堂樵唱集

二十三日陰大風

黄臣翰香來聞合肥二十五日入都

二十四日晴

獻夫來是日出入縣看送行殊難為懷夜半始還陳序東

自遵化至

二十五日大風沙晴

晦若來話別與之同行至浦口送合肥少談而返縣寓

巳戌正去

二十六日晴

得伯平書仲彭來聞九弟患疝偏作電詢之

二十七日陰

延吳少蓮來為內人診脈午間贊臣同至夜少蓮自來

二十八日雪

翰香為約少蓮同行觳夫來談午後少蓮來診

二十九日雪

少蓮又來診得九弟除夕前一日書云各病均痊惟患疝

偏尚未肯爾差也

三十日晴

貲臣來夜仲彭過談示合肥電知倭欲甚奢各國助勸不能用力請封粵辦不允聞濟甯以下無水悶甚

二月初一日晴

寄都門書附安圖一緘士夫函日一緘少蓮來

初二日晴

探聞由濟至浦以築壩故無水非改道仍須陸行殊難決計何命之窮也貲臣秦生均來連日雖不廢書而心緒紛如殊無所得

初三日陰夜雪

少蓮來以道水程迂遠告夜仲彭至合肥書知長春逆和尚未得見也

薛史久湮乾隆開自永樂大典輯出又補以元龜通鑑諸書首尾略具提要謂其文雖不及歐陽而事蹟較備余謂歐如公穀薛如左氏蓋歐作重書法往往因文略事耳周臣僅王朴鄭仁誨扈載三人未免太拘既不敢錄稍通而王溥范質輩又仕宋室遂以所取太隘一朝文治武功竟不得其要領薛史則復求之雜與王朴同傳者楊凝式蕭愿盧損王仁裕裴羽段

于卅堂石影

希堯司徒翊邊尉王敏及居正父仁瞻凡十人孰足與朴相提
並論者居正欲為其父擬父傳以自重可也何乃猥雜若此
殊錯居以意次第之矣嘗思五代各辟惟周世宗英毅有
為又專契丹之存氏國不足道而趙之太祖太宗亦為一人亦不足
望其項背乃陳橋謀變既以顯德七年沒其嗣居改元之
號而受禪之後曾不閔於南唐之於義祖隆世宗以別紀
之禮可為涼薄擬輯世宗一朝為本紀而以其時將相為
傳以存其南北征討之略並以上接李劉諸辟下接隆平
兩朝馮道云陛下雖如唐太宗喜憶無太宗之福為壽天

卮之也至枉〻才則屈者〻笑

初四日陰

夜聘之王楓臣來午後仲彭遣夫人過商行事所有解除意

西廛有風

初五日晴夜大風

翰香午來泰生夜至時閒話也

初六日陰有風

夜李博霄來

初七日晴

于艸堂石影

苗開泰帶護衛來見

初八日晴

翰香來

初九日晴

蕢臣來談

初十日晴

合肥續至浦口一見仲藍偕往午後襆被宿浦口

十一日晴

巳刻合肥至浦口相見午飯後辭蕢臣來晚吾亦至輪矣

送行

十二日晴

內人歸省河冰已泮而楊柳青一帶尚未全開閘去晚聶緝槼督士成來黃臣為介連日書簏衣笥均陸續發交招商棧房

十三日晴

仲彭來送行

十四日雪

聞宋軍大敗伯行自南來隨合肥赴倭者

十五日晴

河冰全解小輪及各船均備可以行矣內人蘇省黃巨翰來

廷一至崔琴友自南來得允言書知家眆夫人及姪孫等均

抵清江浦將寄居揚州以待安圖

十六日雪

獻夫來送午後仲彭至三偶共登舟與仲彭夫人之舟同泊者

左馬頭仲彭夜話三鼓始散去黃巨送至舟中與兒輩

同宿

十七日晨陰午後雪風甚大

辰刻放舟午刻至楊柳青遇風作雪蕢臣遣仲馥夫人舟
送瀛不能行遂泊偉卿留余舟中是日行四十里得晦若
書云送合肥行後過唐山寺月餘晦若本擬赴東洋想
亦定計矣入都爲答關諸君所動也

十八日大風雪

因仲夫人病舟仍泊楊柳青河又合冰

十九日大風午後晴

夜仲馥來以洋學生麥信堅至因偉卿意作題恐遂外
證也聞合肥已於巳刻出洋

二十日晴有風

冰尚未解午刻仲彭回津仲夫人來內人丹余同編歷黃

寸田（仲彭處館師名祥耕戊子舉人霍山人）吳少蓮名丹薄暮始返

二十一日晴

小三小二均感冒午後至少蓮處略談河仍未泮仲彭

遣鄒琳送水菜果有書復之

二十二日晴

晨起冰猶暄々午後南來々二百餘船共推之々凍解徑州運

械舟與輪舟爭道武弁溫如瑛々竟喝令勇陳學義

王振興持刀斫人求勇受傷惹航管駕許復昌出始解
使民船遭之則忍氣吞聲而去耳官差之橫如此可
歎也田鮑魚窩閘行至小沙窩大楊柳青十八里矣當距
青三里僅行十五里也偉侯病漸癒其弟妹則罹症也
二十三日晴
寅正鼓輪二十二里至獨流出天津畍二十里至靜海縣小泊延少
蓮為偉郎診時巳午正及買藥等畢已未初矣復行五十里
泊唐官屯共行九十二里以風逆兩輪各卸掣三冊也沿途無所見
惟距靜海廿五里之陳官屯以及東釣臺之張官屯高官屯一帶

稍有果木，並麥畦猶凍，柳岸不春，殊不足以擴眼界耳。

二十四日　陰晴相間

寅正鼓輪，十八里柳河，里許至馬場，出靜海界，四十里至青縣，又四十里至興濟，明廢縣也，宋之范橋鎮，大觀初置縣，酉初維舟，少蓮來，為倖郎診，連日風仍逆，共行九十八里，夜將與夫人小舟撤之德州，王佑修遣使來候。

二十五日晴

晨起展輪，十里至覺樓，出青入滄，四里吳家嘴，四里花園，五里劉家院，五里大園，一里獻臧，六里玉皇二廟，一里頭州，時巳午矣以偉郎延吳少蓮及麥作之信堅診治稍稽數刻復行二十七里泊留佛寺州六里至胡流八里張家山尾四里腳底九里至寺共行六十三里遣人回津取棨並命王廷棟由瓠河導達陸森陸均為小住計以佛頭外謹難即痊可也

二十六日晴大逆風

留佛寺行九里至瓠河十二里曰楊橋六里馮家口安滄州所比村河東屬南皮河西屬交河又六里劉屯八里小薛家窩四里大薛家窩距南皮縣十五里又四里至尹家圈風大不能行小泊片刻余舟房艙見水樓之良久蓋相隨無往事健僕也薄暮復

行八里泊蔣家埝圖埝皆屬交河以河東無村落也竭一日之

力僅行五十七里可笑

二十七日晴風仍逆

自蔣家埝五里至迎流十九里至泊頭鎮交河之新橋驛也河西屬

交河東仍屬南皮八里至朱家圈四里迎河〻蔣改南皮首迎河亭是

也八里下〻十里油坊十里東光〻泊延醫官方入市買菜復行十五里至

十五里〻泊共行六十九里

二十八日晴

黎明駛行廿五里至連鎮僧邸殲李開芳於此入吳橋界所謂

連萬驛也又十五里至上十五里口又五里曰范家園出吳橋畍河東德州河西景州二十里至安陵小泊水經大河故瀆經蓨縣故城東又北逕安陵縣西鄉注以為安陵鄉是也唐武德四年置縣旋廢屬德州大為景州界延步生為小三診視風勢轉西北急放舟十二里至華家口十八里至桑園即柘園鎮也出鄉入齊十八里至高公場為德州屬吉共行一百十三里從此遊地他邦不知何日言旋鄉園為之憮然久之

二十九日雨

晨起偉郎隨洪田高公場開行十八里老君堂十八里白草窪十五

里小關三里至陡嶺方午刻也菌閣春於河干借一屋略葺之擬明

日登陸賠轉運局委員大名縣陳忠儀字孟威山後人與

茇聲同年同案為其族姪糧道恩叔涵壽 知州王筱珊依修

來均使人邵之恩乃西寧舊係王則賡午同譜也 王樸名燦修安徽英山人

丁丑進士 閣議停戰而行清卿撤去幫辦米京陸候部議

五月初一日雨

孟威為借德成糧店暫憩 店在北倉故典肆也店為拳遊擊

李大勇所設 葛武舊部運何帶舫 午後孟威來商定由山路行遣名

舟回津作仲彭贊臣兩書又文慈航

初二日晴

王筱珊同年恩叔涵糧儲先後至叔涵頗講由書籍久坐長談頗能記靈尾王則共史耳晚李得君送菜來云大沽北塘已有倭船游奕爲肅毅計在山海關不守清卿未知下落所部均潰散矣

初三日晴

孟威米料理陸行

初四日晴

辰初由陸路行至黃河崖午飯由崖至曲陸店宿共行五十里步由陸

饒東關四十里五十張六十里而近 臣蕢曰仲彭電廿八日倭陷遼州寓以槍傷儀叟左頰奚蹈來欽黃補之撖同之憤恨劉儀讓電云非傷不檢仍議傳戰津眷如來刂可後云云何其昧豫如此

初五日晴

辰正二刻行二十五里在平原縣東關午飯又十八里宿平原二十里鋪 據紀程單曲陸至平原三十里至鋪廿里此五十里正近 今日仍走半站以覊耕昨歐出不敢違程由曲陸至此均平原界代理縣寶祗王之翰乃王閣學祖培同族

初六日晴

晨起得黃臣書由陳孟臧寄來內附庚世兄一緘黃臣又有電知王福臣抵上海可喜孟臧書云傅相如夫人已由津南來辰正三刻起行二十五里李家岩小駐茶坐又三十里宿禹城橋二距縣西僅四里知縣海州楊學淵字海峰專人回德州與巡捕俔芳怙因合肥師衣箱事在甚歉黎澍湖太守清畯改降調為華留即赴湘任去

初七日陰申刻微雨一陣旋止

辰正啟行四里過禹城縣又十一里曰戚家橋又十里曰蒙莊又二十五里曰晏城昔非正道以泥淖改途再志以為平仲采邑今為馬

驛店甚僻狹州之午飯盛傳湘軍之營過境恐宿晏城余以為不必慮遂泛行二十五里宿齊河縣之城皆為湘軍所占知縣王祝蘐大令為借潛楊書院作廚祝讓名敬勳曉林侍郎之少子也是日共行七十五里作復仲彭電及一電遣王國柱赴濟南交李子木觀察寄都

初八日晴

出東門渡河行長隄歷玉符水豐齊鎮至杜家廟距縣僅廿五里而新築長隄宛延曲折昔由南進行今由東轉而西南約廿五里過一山祠云土人名曰峨眉山疑即玉符山見於水經注者

方輿紀要云一名方山豐齊為漢茌縣唐天寶改曰豐齊元和十五年併入長清五代時置豐齊驛梁徽翔編年録驛在濟州東南三十里與此鎮并二里即桃河故城云原距鎮六三里許過河皆長清境途遇黄本富所募富字營頗橫

初九日晴頗煖

辰正二刻行二十五里實二十里至關山早飯又二里曰炒米店又十三里曰崮山驛均騰坡店又十五里歷青崖崮至張夏縣丞駐此共行五十五里實四十四里山道以八為十也張夏在長清東南五十里青崖陽馬諸山環之所經溪澗即南沙河道雜沙石犖确難行車旅病涉耳王丹甸李子木不

在濟南密電並寄處作函咸書由德達都兩兒同宿一店

初十日晴

辰正啓行十里石店五里土門五里青楊樹莊一名楊 五里金莊五里玉陵關有橋五里小濟德土人曰萬德 五里大濟德午飯十里長城所謂齊有長城鉅防足以為固也日知錄有政非管子所云長城五里度條店皆負馬鞭者五里墊底共行八十里皆長清界 按方輿紀要長城在平陰而泰安有長城嶺蓋齊所以備楚者城東至海西至濟州濟南關則長清界也

十一日晴

辰正二刻五里界首十里新莊望見泰山早飯五里鶴領九里大華

領（去今兗大佛寺）十五里泰安又三里宿南關偶行店後菜園乃孔子雙

前輩別業園變往甚夜玉雙來談十二年不見矣共行四十七里

（未至大華頂歷泰安二十里鋪距泰安五里有御碑樓）十二年中兩過岱宗而不得一游至雙

至岱宗可游之地至雙可談之人何不留數日殊愧斯言（下新英邨）

見泰山縣府誌尚罕見

十二日陰有風

辰初二刻過至雙未赴（趙廷術）居麟仰還父登車五里株莊五里十

里河五里紅廟十里邱家店垣墻甚高十里于呂二莊渡汶

河大汶一小河至崔莊午飯店破爛矣十二里越一嶺至邵家

莊過小泰山邪新甫十里化馬灣十里王莊嶺十里官橋（舊曰板橋又有一小橋曰莊家橋）七里黃頭八里羊劉共行一百二里到店已薄暮矣

沿途層岱疊嶂則徂徠龜山在望到眼皆古跡也（羊劉二作羊流）

十三日晴

巳櫃起行八里官路莊十里福邱五里四槐樹五里崖頭五里翟莊午飯十里葛滿橋過滦河又過西周河十五里至新泰縣宿西關外鹽店住盤夫人宿城內平陽書院知縣徐子帨庚午北榜同年与容舫同出黃觀察房出郊十里相迓到店久談接刺答之至書院一行返店

備縣志閼之凌樵無姓華流者華非子坂里祖墓在舊廬故為之立祠
余不滿華太傅止太傅亦縣莫詳巍而未祀西周入小汝又有李公祠莊華
流者明萬曆間知縣江南太學人以撫流築城民為建祠縣著有
璧槐書院因撫流後者平湖人其實即以泰山名之為得實

十四日晴

巳初行子佑來送十二里沈家莊六里敖陽即敖山之陽本宿處
店二甚狹五里滿子三里崔莊四里常盧午飯皆小店有只伸
折頭之歡五里五里橋十里西諸佛嶺五里東諸佛嶺以嶺者不也
邦而嶺以佛名必非其初越矣五里茶棚宿蒙陰縣東關張茶棚

丈五里共行六十里凡歷九嶺八河水不沒踝兩山縖崎嶇車煩馬殆知
縣濮賢怡乃清士太守子以海防捐補缺龍蒙見擇均在社中
惜地主無雅人不能策杖一游耳

十五日晴

命兒輩在　關祠拈香與少蓮歸房祠中也蓋房豐店與祠
相鄰辰初三刻行過五里傑三里日保陡五里石家城本鎮屬一
里小沙河四里青山港三里收義橋五里北桃墟即春秋之桃
邱也午飯店甚陋一里朱家店七里蔣滿橋四里三家店二里
交界墩四里界牌五里救仙橋四里丁旺莊三里塘莊共行

六十二里盛云七十里虞敖也操前有店上坡洋為山道之冠以兵差驛驛額裁如方伯亦至乃假劉氏宅作館主人劉日楙字桂生候選道而家居者二子伯臣昇厚仲山昆厚孫溎長厚桂生四十三有子孫矣饒於貲屋甚壯大殊有閎適之樂其九世祖猶明字翊之業匠拔貢入國朝守大名攝備兵某屋則曾祖家音所創也詩伯平孟盛書自桃墟以下皆所收昕知孫錫元字會一癸丙舉人大挑屋常散館佛果自京圖春之子也家音壽慶初人

十六日雨晚晴雨中徹查單衣章不傷多

來褒待蔡先馬已行忽油雲作雨乃解鞍馳嚮仍宿劉宅午後雨益甚幸申酉間放晴遂宿劉氏花園展眺聊以遣悶行縢雨攜書已隨大車至青駝鎮矣燈下枯坐而已

十七日晴

巳初行八里泉橋七里田生莊十里雙堠午飯道甚濘蒙山路犖确十里艾峪湖左隱六年公會齊侯於艾州西有艾山此即艾山之溪水也五里穆崖五里青駝寺宿紀要云穆公城在州西北九十里相傳魯穆公所築東有九女墩南有青駝鎮是也有東大寺即青駝寺矣鎮屬沂州蘭山知縣朱鍾琪

浙人解所歷皆浙水及黄家界也

十八日雨

辰正二刻行時春陰陰密出鎮二里許過長橋青龍寺有碑記又三里日小雨又五里曰麗水浦下浦則微雨濛濛八里徐公店七里大嶺崖欲窮崖牛數店甚狭纖與內人論茶第蕎層下復冒雨行三里閩嶺五里沙嶺出嶺五里大山嶺七里半嶺共行四十五里宿于宿所雨益甚被寒過冷傍殊不可耐山東道因兵差故不市酒食殷余乙酉過此時尤蕭條矣

十九日晴

于州堂石影

昨夜將半雨止辰正二刻三里秦家莊三里大橋六里東溝頭七里鄧莊
有以莊三里北齊房三里南齊房俗傳武侯故里紀要中丘城或謂之
諸葛城相傳武侯居此以蜀志證之知其誣妄殆武侯先世舊居歟
志以為即春秋隱七年之中邱據邱有期音遂以訛期為齊歟十二
里七級莊涉祊水水在州北二里出費縣大山崖峒山東南流入州境合于沂
水二水涉洇謂之淑河以志以為即祊田證之恐然二里至沂州入城
出宿南關共行四十五里實止三十九里署州李馨香者物朱錡琪
自北門至南關約五六里故俗以為四十五里耳

二十日晴

辰正三刻起程二里南壇八里十里堡十里中壇五里孫家莊七里劉家沙溝五里唐家沙溝三里白家沙溝四里王家沙溝渡沂水一里李家莊共行四十五里宿自中壇以後盛云止二十里有陡甚高一路果木甚繁也明日全大車趨前先發眷屬仍緩緩後行

李家莊屬蘭山而郯城志云何無忌控節亭在焉今亦無可考矣

二十一日陰微雨一陣旋霽

辰正二刻雨作姑策騎而行五里界牌七里華埠八里沙墩二里劉家莊三里石橋十里馬莊十里大埠界牌雨止至埠則日色晴晴矣

午飯後行十五里至傾蓋橋即鄭城十里鋪相傳孔子遇程子處有傾蓋亭在 聖祠內明鄭城丞有涫亭鄭子經魯而孔子問之乃建亭於鄭村殊失之附會矣鋪店太少假王氏店之間主人王濟氏惠佩滄氏姪均滄氏虞琛與其姪之棟樑臣姪均之子云楙壽臣均在庠三氏之父宗旦壬戌舉人六九世均列膠庠可云盛矣家有田十二頃兄弟四房男女丁口以七十人而不異爨尤足敬也橋跨白馬河之上入沂水

二十二日晴

辰正三刻行秀才夫婦均來送行贈以房貲不受五里萬里口五里鄭

城北五里黃亭二里北莊子二里南莊子七里曹村四里黃家樓四里

車興集午飯店甚陋二里三家莊三里王家集二里前莊科一里後

莊二里前莊子一里後莊子六里紅花埠計行五十二里一路盡日柳青桃

紅榆翠春色極為絢爛曹村有鄭子墓志云沭水經歷本縣郯埠

並沿途均未見水也紅花埠襄字祀梁天監二年僧孫人張高等

鑿渠引沭水溉田二百餘頃皆名紅花水埠乃名以此積久廢蹟在

沭陽晚請江淮軍轉運局專勇送仲懿電告由內黃交書

二十三日晴

巳初二刻始行出埠三里入江南宿遷界解莊一里水從沭水也五

于艸堂石影

里張家莊六里凌家莊五里新安鎮五里小馬莊一里中馬莊一里大
馬莊一里蘇家營二里唐家店午飯五里坡底橋六里龍田溝一里
柳泉莊六里李莊五里七里澗七里遛司吾山宿司吾鎮宿遷古鍾
輿國紀要宿遷有司吾城在縣東北梁普通五年魏東海太守
韋叡攻魏以司吾城來降是也又有司吾鄉又云峒峽鎮在峒峽山
下五代漢乾祐初成德欽敗之於峒峽鎮翌日即故司吾縣又云峒
峿山在縣北七十里遷作司吾忽作峒峽鎮在縣西北宛溪地
學雜鈔州縣志而成未能盡一一往之如此處遼以地理書門詳之
未暇附私也

二十四日晴

辰正三刻行四里橋北鎮六里下馬牌五里小湖子五里童山村人方

趙墟頗雜還大卒所帯皆生蔥若以來而已十五里小店子午飯

申正以前十七里黃龍頭四里東踏口四里順河集宿遇典史

張沅辰山陰人字稻生嘗為華亭典史剿二千餘年同余至

此郡來謁每三日復年已六十一頗有見到語接與吾言徐州教

授王亦安朕魯王宋翰琴居常散館以優而今改教長

於算學稻生之子祖壽從之游王字成居常吳縣人也

二十五日晴

辰正三刻起行六里文昌閣十四里王家莊五里崔張家店十八里崔家莊

二里朱家莊五里仰化集未初一刻到行五十里鄭集三四里過一小河乃白

洋河也夏令水大通舟今有土壩可行車

二十六日晴

巳初行九里曰九里閘所入桃源三里柴莊十三里崔鎮黃河當決於此明

萬曆六年潘季馴築護水石壩於崔鎮一帶今為運河隄河隄禪

麥一水收帶鎮僅數十家店甚小頗潔王入楊姓下輿啜茗余飯

雞子由入滌滌稍以鍋粉充飢耳五里雙家渡十七里善山家橋一名劉家莊

八里宋家興初後由北岸收錯下浦而馬頭停小舟不便遂中輟先是

乙未

三三

豐潤張氏澗

大車擬該前發至屯苗諫泰由浦來迎得黃臣書知順達回

於初九日逝世殊出意外

二十七日晴

辰初二刻行四十里三槐樹似吳氏廢宅午飯蹄茉徧地荒

涂中都有曠敞之趣三十二里至西灞頗繁庶驛道本由

漁溝至浦八十里而遙改道七十餘里而近西灞則縣總

集八里至清江浦房閎敞之字海河廳宅東山之子也張

寀搏運局王貴宗河廳乘勉來知今船有廿三畝擇

田華之說

于卅堂石影

二十八日晴

至河干閱船，因敬之來，謝子愛同年觀察亦携過談，擬小輪為拖船計，以水淺船大也。

二十九日陰

巳正上船，共請江紅罗笠適合肥莫姬及小女二同日至浦口，覓一南灣子同行，復由謝子愛同年借淩風乘風兩小輪及一雷艇拖帶，其送馮莘垞提督之兩輪日暮濟，不安者殊。香濤電傷譚仲論示之，覓不敷行，可云横檣因輪舟接之。今日竟不能行也。仲彭夫人乘內長茂船，黄麥乘內長盛，余乘兩燈雲見華，孫星紀祥船。

三十日晴

黎明放舟十五里板閘潘季馴經理運河鄉所陸名為淮安閘又十里黃廟及都司徐歡達來送十里湖嘴射陽湖口也岸清河界五里至淮安府二十里六浦二十里平橋十里涇河為山陽界十里黃浦二十里寶應縣二十里劉家堡十里崔溝十里氾水即氾光湖之口也黃浦至界首驛八十里有東西兩堤西堤濱湖為舊堤東為新堤所謂宏濟河也二十里至高郵之界首驛泊舟買酒炭共行一百七十里風逆水順天尚未暮是日舟中略理書篋陳古由人共讀漢詩精釋行役之勞矣

于艸堂石影